天理参考館のツボ!

TENRI SANKOKAN MUSEUM

学芸員が明かす早わかり鑑賞ガイド

道友社●編
天理参考館●協力

道友社

はじめに

なんの変哲もない一つの壷《つぼ》。ただ見ているだけでは何も感じなかったのに、そのいわれや価値を聞いた途端、輝いて見えてきた――みなさんには、こんな経験はありませんか。

本書は、さまざまな物にまつわる由来やエピソードを中心にまとめた〝もの語り〟です。紹介した資料はいずれも、奈良県天理市にある「天理参考館」の収蔵品です。

天理参考館は、世界の生活文化・考古美術資料を幅広く集め公開している博物館です。収蔵品は、アジアをはじめ、オセアニア、アメリカ、オリエント、アフリカ、ヨーロッパなど広範囲にわたり、その数はおよそ三十万点に及びます。

天理参考館は、天理大学の前身である「天理外国語学校」の附属機関として誕生しました。天理外国語学校は大正十四年（一九二五年）、天理教の海外布教師の養成を目的に開校。創設者である中山正善《なかやましょうぜん》・天理教二代真柱《しんばしら》は、教えを広めるためには、まずその国の人々の心を知らねばならない。そのために、土地の人たちが作ったり使ったりしている物を理解することから始めるのも、一つの方法ではないか――こう考えられ、当時、中国や朝鮮半島へ赴かれた際に率先して資料集めに当たられました。

その方針は「新品はできるだけ避けて、人々がいま使っているものを集める」こと。人々が長年使い込んだ物だからこそ、その暮らしぶりや心が伝わってくるというわけです。

こうして収集された資料は、展覧会を開いたのち、天理外国語学校に寄贈され、昭和五年（一九三〇年）、校舎の一角に「海外事情参考品室」が誕生。これが天理参考館の始まりとなりました。

以来、資料の収集は精力的に続けられ、次第に民族学・考古学の専門博物館としての体裁を整え、広く一般に公開されるようになりました。その後も収集の基本方針は変わることなく、いわゆる名品主義、観客動員を第一とする博物館活動とは一線を画して、人の温《ぬく》もりを感じさせる生活に密着した資料を中心に展示を行っています。

本書で取り上げた資料は、そのごく一部です。人生が人それぞれ違うように、これらの資料一つひとつにもまた、それぞれの物語があります。さらにその周辺には、資料の収集・整理・展示、館の運営に関《かか》わる館員たちのエピソードがあふれています。

そんな物語やエピソードに触れて、しばし、物の向こう側にあるさまざまな人々の営みに思いを馳《は》せてみてください。

そして、新しくなった天理参考館で、本書を片手に実物と直《じか》に対面していただくならば、これに勝る喜びはありません。

編　者

天理参考館のツボ！――もくじ

生活文化資料の世界 Ⅱ 101

考古美術資料の世界　145

装禎・カット／森本 誠

参考館ミニ図鑑

世界の生活文化編

LIFE AND CULTURE

悪鬼も黙る守り神

「チャンスン」
韓国　20世紀初頭
高さ約２メートル
→18ページ

残るはずのなかった幻の古面

「山《サン》臺《デ》都《ト》監《カム》劇《ノリ》・老僧面」
韓国　朝鮮王朝時代中期
高さ　23.2センチ
→23ページ

アップリケは魔よけの模様

「厚司《あつし》」
推定　北海道
身丈105センチ
→29ページ

いまはなき北京の名物看板

「ろうそく屋の幌子《ホワンツー》」
中国　1939年
長さ95センチ
→33ページ

月のウサギの正体は？

「兎児爺《トゥアルイエ》」
中国　高さ72センチ
→44ページ

不吉な美女から生まれた多産の象徴

「礼装用の八条連トンボ玉首飾り」
台湾　パイワン
全長74.9センチ
→56ページ

マヤの末裔がいまも守る太陽の織物

「縫取《ぬいとり》文様のある上衣」
グアテマラ　キチェ州
丈75センチ、幅172センチ
→95ページ

南洋の密林をさ迷う精霊の素顔

「木彫祖霊仮面」
パプアニューギニア　ユアット川流域
高さ143センチ
→76ページ

知られざるバリの霊布

「グリンシン」
インドネシア　バリ島
全周経・左=118センチ、右=227センチ
→70ページ

貝が産みだす神秘の色〝皇帝の紫〟

「貝紫染めの紋織スカート」
メキシコ
115センチ×172センチ
→98ページ

アンデス文明の忘れ形見

「インカ裂《ぎれ》」
ペルー　ナスカ文化層
49センチ×15センチ
→92ページ

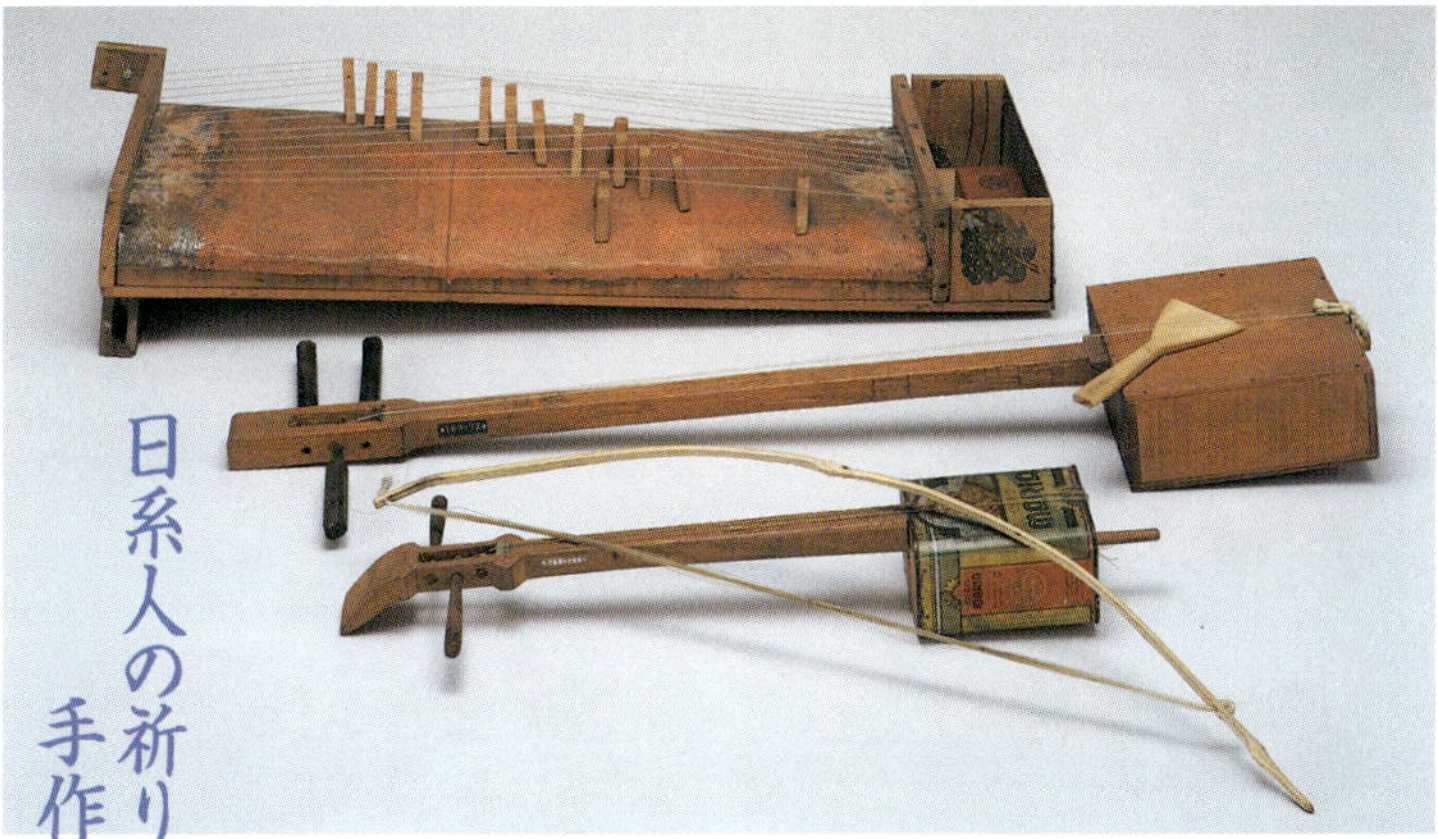

日系人の祈りが生んだ手作り和楽器

「琴、三味線、胡弓《こきゅう》」
ブラジル
→109ページ

かつて庶民を虜にした淡路・阿波の名優たち

「浄瑠璃《じょうるり》人形」
日本・徳島市　明治16年
天狗久《てんぐひさ》〈初代〉作
背丈115.5センチ
→121ページ

疱瘡の神さんから子どもを守った人形たち

「**赤物**」　日本　後列左のもので高さ18センチ　→115ページ

江戸の旅人を困らせた大井川

「**東海道川尽　大井川の図**」

日本・安政４年・歌川《うたがわ》亭《てい》国久《くにひさ》〈２代〉画　35.7センチ×75.5センチ　→126ページ

生活文化資料の世界 I

〝注射〟を打たれた守り神

●樹脂で固めて〝老化〟防止

チャンスン（↓9ページに写真）は、韓国の村の守り神。かつてはどの地方でも、村の入り口近くに立っていました。粗削《あらけず》りした松の丸太に刻まれた、ドングリ目で歯をむき出しにした不気味な顔。災いをもたらす悪鬼《あっき》が嫌うとの言い伝えから、像全体に人間の血に見立てた朱色が塗られ、胴には強そうな将軍の名前が刻まれています。

毎年あるいは数年ごとに行われる「チャンスン祭」のたびに新しいものを立て、勝手に処分するとたたりがあると信じられたことから、古いものは朽ちるまで放っておかれました。

腐り始めた五体のチャンスンが天理参考館にやって来たのは一九三四年（昭和九年）のこと。そのうちの二体は傷みがひどいので収蔵庫に直行。残りの三体は常設展示されることになり、参考館の顔

の一つになりました。

ところがこの三体も次第に傷みだしました。〝悪鬼も黙る守り神〟も、寄る年波には勝てません。触ると木くずがポロポロ落ちるようになってきたのです。

そこで、チャンスンに樹脂《じゅし》を染み込ませてカチンカチンに固めてしまうことになりました。実はこれ、遺跡などで見つかった遺物の保存方法の応用。虫食いの跡や空洞の部分には、特大の注射器で溶剤が注入されました。

治療は倉庫に眠っていた二体にも施され、展示できるまでに回復。そのうちの一体に新発見もありました。汚れを落としてみたところ、「京城《けいじょう》（ソウル）まであと〇里」の文字が浮かび上がってきたのです。このチャンスンは旅人の守り神でもあったのです。

こうして蘇《よみがえ》った五体のチャンスン、いまは参考館の〝守り神〟として来観者を出迎えています。

チャンスンはいまも村を守っていた

チャンスンによる魔よけの習慣は近代化とともにすたれ、いまではほとんど見られなくなりました。わずかに山奥にこの伝統を守り続けている村がある——吉田《よしだ》裕彦《ひろひこ》学芸員はそう聞きつけて、一九九八年（平成十年）、ソウルに程近い広州郡の奄美里《ウンミリ》という山村を訪ねました。

奄美里のチャンスン（吉田学芸員撮影）

山の間を流れる川沿いの道を進んでいくと、村の入り口近くの森の中に、確かにチャンスンは立っていました。道の両側の合計四カ所にそれぞれ七、八体ずつ、積み上げられた石に支えられて、いまも悪霊の見張りをしています。初めて見る〝生〟のチャンスンの姿には、何人《なんぴと》といえども寄せつけぬ雰囲気が漂っていました。

胴にはそれぞれ「天下大将軍」あるいは「地下女将軍」と文字が刻まれています。

強そうな将軍の名前を悪霊が恐れると信じられているからです。天下大将軍、地下女将軍は、もっともポピュラーなものです。

　将軍の名前は、時代とともに流行がありました。参考館のチャンスンに記されているのは「上元周将軍」「下元唐将軍」。これらはおよそ百年前にはやったものです。

　吉田学芸員は、いまも現役の〝守り神〟の姿を写真に収めて、村を後にしました。参考館のチャンスンの展示は、この時の調査と、この二年後に行った龍頭里《ヨンドゥリ》という別の村での調査をもとに、再現されています。

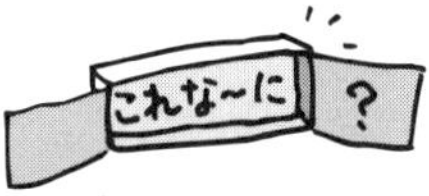

ヒント➡隠れるのにもってこい？

答え➡顔かくしの大扇子（朝鮮王朝時代後期　直径85センチ。次ページに解説）

折り畳み傘のルーツは韓国にあった⁉

●男心を揺すぶった顔かくしの大扇子

前ページの写真は、その昔、韓国の宮女《クンニョ》が使っていた顔かくしの大扇子《せんす》です。畳んだ状態の長さはおよそ九〇センチ。普通の扇子は広がる角度がせいぜい一五〇度ほどですが、この大扇子は三六〇度も開き、その両端を止めると車輪の型になります。さらに要《かなめ》の部分に備え付けの柄《え》を差し込むと、簡易傘の出来上がり。

このような造りの扇は「輪扇《リュンソン》」と呼ばれていました。主に子どもたちが外出時に日傘として使ったといいます。

ただし、参考館のものは宮廷の官女専用の特製品。赤と黄色のツートンカラーで、親骨には、牛の角で造った薄板に絵を描いて張りつけるという韓国の伝統的な細工が施されています。用途も、日光や雨をしのぐものではありませんでした。

韓国の研究者も驚いた幻の仮面！

韓国といえば儒教の国。かつて女性たちが家の外に出るときは、他人、とくに男性に顔を見せてはならないとされました。一般の女性たちは、長衣《チャンオッ》という服を頭からかぶって外出しましたが、官女ともなると小道具が必要だったのでしょう。彼女たちはこの大扇子を常に携帯し、男性に出会うとサッと開いて差しかけ、やり過ごしたのです。

色鮮やかな扇の向こうにどんな女性の顔があるのか、男たちはきっと心ときめかせたことでしょう。

●残すとたたりがあると恐れられた

「なんでこんなところに、この面があるんだ⁉」

時は一九六一年（昭和三十六年）。韓国の仮面研究の第一人者・李杜鉉《イドヒョン》氏（現ソウル大学名誉教授）は参考館を訪れた際、ある展示

ケースにクギ付けになりました。
なかには、ルーツである韓国にもほとんど残っていない古い面が並んでいます。しかもそのうちの一つに、一六二四年の作とあるではありませんか。
「これが本当だったら、すごいことだ！」（↓10ページに写真）
李教授が見たのは、かつて韓国の宮中で演じられていた「山臺都《サンデト》監劇《カムノリ》」の面。ヒョウタンを乾燥させ半分に割ったその皮に、目と鼻と口をつけ、泥絵の具で仕上げた素朴な仮面です。一九二五年（大正十四年）に、いまのソウルで収集されました。面の伝世経路などが分からなかったため、参考館では単に「韓国の古い面」として扱ってきました。だから、李教授の反応に学芸員もびっくり。

◇

劇の主なストーリーは、貴族や僧侶《そうりょ》に庶民がひと泡《あわ》吹かせるというもの。なんだか宮中に不似合いですが、それもそのはず、もとは庶民の娯楽だったのです。

当時は厳しい階級社会。日ごろの憂さ晴らしができると、劇は大盛況。そこに宮中のお役人が目をつけました。庶民の心を引きつけるため、一座を宮中のお抱え劇団にしてしまったのです。

面は上演のたびに作られ、残すとたたりがあると恐れられたので、終わると燃やされました。古い面がほとんど残らなかったのは、そのためです。

参考館の面は、残念ながら制作年代の裏付け資料がありませんが、貴重な古面には間違いないとのこと。李教授は展示されていた七つの面の名前を学芸員に教えて、参考館を後にしました。

まだまだあった山臺都監劇の面

時は流れて一九九八年（平成十年）秋。参考館の吉田学芸員は民族資料の調査のため、韓国へ飛びました。

その際、数枚の写真を携えて、李杜鉉教授を訪ねました。そこに写っているのは、李教授がまだ目にしていない山臺都監劇の面でした。

　実は参考館には、三十七年前に李教授が見た七つの面のほかに、展示スペースの関係で、さらに十四面が収蔵庫に保管されていたのです。今回の訪韓の目的の一つは、それらの名前を調べることでした。

楊州別山臺戯の演技（吉田学芸員撮影）

　李教授は写真にジッと見入り、しばらくするとこう言いました。
「この劇の面はね、通常二十二面でワンセットなんだ。ほとんどが残っていたとはね。ますますもって貴重な資料だ」
　さて、名前調べのほうですが、山臺都監劇そのものは、王朝の衰退とともに滅びてしまいました。しかし、その流れをくむ仮面劇が現在も全国各地に息づいていて、なかでも無形文化財に指定されている「楊州《ヤンジュ》別山《ビョルサン》臺《デ》戯《ノリ》」は、〝本家〟の姿をよく留《とど》めていると見なされています。そこで、この劇の面と比べることにしました。
　その結果、二十一面それぞれの特徴が一致。すべての面の名前が分かりました。また、昔の面のほうが、いまのものより口が大きいことなど、構造上の違いも浮き彫りになり、仮面研究にもひと役買う形となりました。

新しい参考館では、この調査の成果を受けて、このとき持ち帰った楊州別山臺戯の面や衣装などとともに、二十一面全部が展示されています。

アイヌの人々は海外交易の秀才だった!

●大自然に生きてきた民の知られざる一面

古くから北海道に住み、いまも独自の文化を守り続けるアイヌの人々。独特の模様の付いた着物を身にまとった写真を、だれもが一度は目にしたことがあるでしょう。

天理参考館には、二十世紀初頭から半ばごろ、つまり大正から昭和初期にかけてのアイヌの人たちの民具など、さまざまな生活資料が収蔵されています。道内の博物館以外では、東京国立博物館や大

阪の国立民族学博物館などと並んで、アイヌ文化を紹介する博物館として知られています。

ところで、日本列島に住むアイヌ以外の人たちは、アイヌの人々のことをどれだけ知っているでしょう。すぐに思い描く一般的なイメージは、〝自然の産物を採取して生計を立て、自然とともに生きる民〟というものではないでしょうか。しかし、アイヌ文化には思いのほか、多様な地域との交流の歴史が見られるのです。

アイヌはかつて、本州東北部から北海道、サハリン（樺太《からふと》）、クリール（千島《ちしま》列島）に及ぶ広い地域に住んでいました。そして、動物の毛皮などを携えて、中国大陸、サハリンの民や、和人（アイヌ以外の日本人）相手に、盛んに交易を行っていたのです。

大陸方面からは絹製品やガラス玉などを、北海道の松前や本州から やって来る和人の商人からはタバコ、酒、漆器《しっき》、鉄製品などを入手し、それぞれの品を双方に仲介するなどして、豊かな暮らしを築いていました。

そんな生活に陰りが見え始めたのは、十七世紀後半以降、松前藩の政策の影響を受けるようになってからです。その後、次第に〝和人化〟せざるを得ない過酷な状況に追い込まれ、仕方なくアイヌの言葉や文化を捨てていったのです。現在、アイヌを名乗る人は、北海道で二万四千人ほどだということです（一九九九年北海道調査）。

一九九七年（平成九年）、「アイヌ文化振興法」（アイヌ文化の振興並びにアイヌの伝統等に関する知識の普及及び啓発に関する法律）が成立し、アイヌ文化への理解や普及の促進が図られるようになりました。

アイヌは樹皮で布織る北限の民族

●模様は魔よけの防御ネット

アイヌと聞いて、だれもが思い浮かべるものの一つが、この服ではないでしょうか（↓10ページ参照）。アットゥシ「厚司《あつし》」と呼ばれる伝統的な着物です。

実はこの着物の材料は、オヒョウという木の皮。樹皮で作った糸で着物を織る民族は世界中にいますが、彼らはその北限といわれています。作り方の手順は次の通りです。

まず、立ち木から皮をはぎ取り、外側の皮は捨て、内皮《ないひ》だけを持ち帰ります。この内皮を温泉や沼に十日から二週間ほど浸《つ》けておくと、数枚の薄皮に分かれます。それを乾燥させ、細かく裂くと糸の出来上がり。これを機《はた》で織って布にし、服の形に仕立てるのです。

次に、和人から手に入れた黒や紺《こん》の木綿の古布を使って、独特の模様をアップリケにし、その上にさらに刺繍《ししゅう》を施して仕上げます。

萱野茂《かやのしげる》・二風谷《にぶだに》アイヌ文化資料館館長は、服の模様について、母から聞いた話として、こんな思い出を語っています。

「着物の模様の由来は一本の縄です。昭和五年そして十年ごろ、母と一緒に畑仕事に行くと、小さい弟らを畔《あぜ》に寝かせ、その周りを縄で囲みました。『なぜ?』と聞くと、『この縄を越えてはどんな魔物も入ることができないのよ。あの強いクマも縄でつなげるし、だから着物の裾《すそ》や衿《えり》や袖口《そでぐち》にも縄を巻く、そうしてアイヌは自分の体を守った』と聞かされたものです」（天理教道友社編『ひと もの こころ——アイヌのきもの』から）

この模様には、魔よけの意味があるのです。裾、襟《えり》、袖口など、服の開いている部分に施されるのは、そこから魔物が入ってくるのを防ぐため。目の届かない背中には、ほぼ一面に施されています。

昔は、村や家ごとに固有の柄《がら》があり、女性は母親から代々受け継いでいました。いまでは、残念ながら、どの模様がどの地域のものなのか、分かりにくくなってしまったということです。

あやうく国外流出!?

参考館にアイヌの資料がまとまって入ってきたのは、一九五六年（昭和三十一年）、東京の古物商を通じてでした。札幌のある本屋さんのコレクションだったものが市場に出て、「引き取り手がないと、外国へ行ってしまう」と、天理に資料の一括購入の打診があったという話が残っています。詳しいことはいまとなっては分かりませんが、当時はまだ、世界各地の民族学資料を扱う博物館は数少なく、この時にまとまったアイヌ資料が参考館に収蔵されて、今日に至っています。

首飾り（推定　北海道・縦45センチ）

　アイヌの着物はおよそ八十点。その種類は厚司《あつし》のほか、交易で手に入れた和服にアップリケや刺繍《ししゅう》を施した木綿衣や、イラクサで作った草皮衣などさまざま。しかし展示スペースの関係から、すべてを一度にお見せすることはできません。

「小まめに展示の入れ替えをするつもりです。何回か来館していただくうちに、全部ご覧いただけるようにしたい」と、担当の中谷哲二《なかたにてつじ》学芸員。

　このほか、「熊送り（熊祭）」に使われた太刀《たち》などの祭具や、大陸や和人との交易で得た品々などが展示されています。

世界で唯一まとまったコレクション「北京の看板」

●視覚に訴えかけるユーモラスな看板ズラリ

「看板」といえば、どんな形を思い出すでしょうか。店の名前を大きく書いたもの？　シンボルマーク入りのもの？　あるいはネオンサインを施したもの？

かつての北京《ペキン》の街には、ユニークな看板がずらりと並んでいました。商品の実物を掲げたり、模型を作ってぶら下げたものなど、文字ではなく形によって、人々の視覚に訴えるものが主でした。たとえば、11ページの写真はロウソク屋の看板。寺廟《じびょう》への参詣《さんけい》やおめでたい時に使う赤いロウソクを、横にしてずらりと並べた形です。

文字を用いない看板が多かった訳は、識字率が低かったためともいわれていますが、店頭に商品を掲げるのは、いわばディスプレイの原点。一番ストレートで分かりやすい広告です。業種ごとに独自に工夫した看板がつるされているにぎやかな街並みは、北京の風物の一つでもありました。しかし新中国の都市計画や、商売の形態の変化によって、すっかり姿を消してしまい、現在ではほとんど見ることができなくなってしまいました。

参考館には一九三九年（昭和十四年）に収集されたこれらの看板百余点が収められており、まとまったコレクションとしては世界で唯一のものと思われます。

これな～に？

問題➡北京の看板の一つです。さて、何屋さんのものでしょう。細く切った紙の束から何かを連想しませんか？

答え➡小飲食店の幌子（直径31センチ。次ページに解説）

地方都市ではいまも健在　飲食店の「花幌子」

●名店は「五つ星」ならぬ「五つ看板」

前ページの写真は、飲食店の看板。輪の部分は焼売《シューマイ》などを蒸す蒸し籠《かご》を、細切りの紙の束は麺《めん》を表します。中華料理では、麺はいわゆるラーメン以外にも、いろんな料理に使われます。

この手の看板がかかっているのは、どちらかというと大衆向きの安い料理店で、好みの料理を注文してちょいと一杯やることもできました。店の入り口の軒先に、二個から多い所では十個ほどぶら下げられていました。

中国東北部の都市「満洲里《マンシュウリ》」や「哈爾浜《ハルビン》」では、いまもこの看板がレストランの目印に使われています。ちょうど、フランスのレストランの星の数のように、店の規模やコックの腕前で看板の数が変わるのだとか。「五つ看板」が一番いい店だということです。

大和郡山市・麻苧屋の看板（佐々木学芸員撮影）

「北京の看板」は日本にも残っていた

日本でも、かつてはユニークな看板が街のそこかしこにかかっていました。たとえば、ロウソク屋さんは木彫りの大きなロウソクの模型、脚気《かっけ》の薬を置いている薬屋は足の形の看板、糸屋さんは赤いダルマ人形、といった具合です。

これらは「江戸看板」と呼ばれるもので、中国の看板が伝わって、日本流に発達したものだともいわれています。今日ではまず、お目にかかることはありません。

ところがある時、佐々木久育《ささきひさいく》学芸員は、奈良県大和《やまと》郡山市《こおりやまし》の麻苧屋《あさおや》で昔ながらの看板が使われているとの情報を得ました。

麻苧屋とは麻糸や麻布などを売る店のこと。さっそく調査に行ってみると、店の門前に、長さ一メートル余りの麻の繊維を片方の先端でくくって束にしたものが、ぶら下がっています。なんと、参考館にある北京《ペキン》の麻苧屋の看板とウリ二つではありませんか。

まさしく、北京の看板と江戸看板のつながりを示す好例です。話では、毎年新しい麻の繊維と取り替えるとのこと。古い繊維を譲ってくれるように頼みました。しかし、引き取り先がすでに決まっていて断念。なんでも、昔から左官屋《さかんや》さんが家の土壁を塗るとき、下地の材料として使うことになっているのだとか。

残念に思う半面、最後まで物を生かす先人の知恵に、頭が下がる思いでした。

「北京の看板」収集裏話

参考館が「北京《ペキン》の看板」を集めたのは一九三九年（昭和十四年）のこと。創設者である中山正善《なかやましょうぜん》・天理教二代真柱《しんばしら》の企画でした。収集には、のちの天理教香港出張所長、福原登喜《ふくはらとき》氏が当たることになりました。

中山真柱の出した条件は、新品ではなく古い物を集めよ、というもの。古いものを売っているといえば、古道具屋か骨董屋《こっとうや》。目に付く店を片っ端から尋ね歩きましたが、看板は一向に見当たりません。当時はだれも見向きもしないものだったのです。そうなると、現在、店頭にぶら下がっている看板しかありません。

「えーいままよと思って、まず表通りの哈《ハー》

達門《ターメン》大街の飯屋《めしや》に入って、店の看板を売ってくれと言いました。そしたら主人がえらく怒りまして、『うちは看板を売るほど貧乏はしとらん、こんなに繁盛しているのに何たることを言うか』と言うわけですわ。それから四～五軒回りましたが、みんな同様に断られました。裏通りならどうかと思って、そちらの店も尋ねましたが、みんな断られました」（天理教道友社編『ひと　もの　こころ――北京の看板』から）

困り果てたとき思い出したのが、伝道庁の近くにあった骨董屋の主人の顔でした。北京に到着した当初、骨董好きの伝道庁長に頼まれ、通訳として店を訪れて顔見知りになっていたのです。

事情を説明して「なんとかならんだろうか」と言うと、主人はしばらく考えていましたが、「よろしい、私が集めましょう」と引き受けてくれました。

数日後、骨董屋はなんと百四十数点の看板を集めてきました。どうやって集めたのか尋ねると、「新しい看板を作るだけのお金を渡して、古い看板を分けてもらったのだ」とのことでした。

きっと、看板を譲った店主たちの大半は、〝物好きな日本人もいるもんだ〟と思ったに違いありません。しかし、それからわずか三十年足らずの間に、これらの看板は北京の街から姿を消してしまったのでした。

棒でたたけば踊りだす　京劇のミニチュア人形

●紙相撲の中国製豪華版！

たたくといっても、人形をたたくわけではありません。人形の乗せられている金属製の盆の縁《ふち》を、棒で軽くたたくとあら不思議。色彩豊かなミニチュア人形がクルクル回りながら踊りだします。

芝居人形
「鬃人《ゾンレン》」(高さ10〜13センチ)

原理は日本の紙相撲《かみずもう》と同じ。とはいっても、結構、手の込んだ代物《しろもの》です。紙と粘土で形を作り、彩色を施して仕上げた人形の底に、短く切りそろえた馬のたてがみを貼《は》りつけてあるのです。この毛が微妙に振動をとらえて、人形を動かします。

人形の題材は、すべて京劇《きょうげき》の役から。京劇は、「清」の時代に、首都・北京《ペキン》を中心に大流行した中国独特の演劇。京胡《きょうこ》(日本の胡弓《こきゅう》に似た楽器)や月琴《げっきん》などと呼ばれる民俗楽器の演奏をバックに、役者が歌を歌いながら劇を繰り広げます。顔には日本の歌舞伎《かぶき》の隈取《くまど》りに似た、独特の化粧を施します。

演目は孫悟空《そんごくう》でおなじみの『西遊記《さいゆうき》』をはじめ、『三国志《さんごくし》』『水滸伝《すいこでん》』『白蛇伝《はくじゃでん》』など約千種類。王侯貴族から一般市民まで、幅広い層の人々に愛された一大娯楽劇でした。

これらの人形は、いまの日本風に言えば〝京劇グッズ〟といったところ。人形に使われるキャラクターは、大人から子どもにまで人気のある『西遊記』や『三国志』の登場人物が主でした。

しかし、中華人民共和国が建国されて、文化大革命が起こると、その一環として「古い思想、古い文化、古い風俗、古い習慣」への攻撃が全国各地で始まります。京劇の上演も全面禁止となり、数多くの名優が舞台から去っていきました。

同じように、これらの人形も焼き捨てられるなどして、街から一掃されました。現在、中国でもほとんど残っていないようです。

参考館には、この京劇の芝居人形をはじめ、文化大革命以前の中国の人形や玩具がたくさん保存されています。

これさえあれば夜遊びOK? ウサギの提灯

●お正月のクライマックスを飾るオリジナル提灯

中国のお正月（春節《しゅんせつ》）は長い！ 旧暦十二月二十三日から元日をはさんでおよそ三週間、さまざまな行事が繰り広げられます。

トップを飾るのは、それぞれの家のカマドに鎮座する「カマド神」

ウサギ提灯（高さ17センチ）

のお祭り。この神様は毎年十二月二十三日になると、「玉皇《ぎょっこう》大帝」という天上の神様に、その家の人々の一年間の善《よ》いことや悪いことを報告するのです。それによって玉皇大帝は、人々に吉凶《きっきょう》禍福《かふく》を授けます。そこでカマドの神様のごきげんを取るために、供え物をささげて祭りをするというわけです。

　春節祭の最後を飾るのが、この提灯が登場する「元宵節《げんしょうせつ》」。一月十五日、一年で一番最初の満月を祝って、昨年の豊かな収穫に感謝し、今年の豊作を祈るお祭りです。「灯節《とうせつ》」とも呼ばれ、この日の夕方から三日三晩、家々の軒先や中庭などに、それぞれ趣向を凝らした提灯をつり下げ、人々はみな提灯見物に出かけます。

　子どもたちには、金魚やウサギなどの形をしたかわいい小型の提灯が与えられ、この時ばかりは夜更けまで遊ぶことが許されたのです。ちょっとしたルミナリエ（光の彫刻作品）と思えばいいでしょう。

　いまでは北京など都会では見られなくなりましたが、福建省《ふっけんしょう》の福州など、中心部から離れた地域では続けられているということです。

阪神ファンなら大喜び⁉　中国の端午の節句

トラの縫いぐるみ「布毛虎《ブゥラオフゥ》」（高さ34センチ）

●トラは人々の守り神だった

「端午《たんご》の節句《せっく》」といえば、日本では鯉《こい》のぼりに鎧兜《よろいかぶと》や武者《むしゃ》人形がつきもの。同じように中国では、トラにまつわるものが欠かせません。子どもにトラ柄《がら》の帽子や靴を着けさせ、トラの土人形や縫《ぬ》いぐるみを抱かせました。

日本なら、阪神タイガースのファンに間違えられそうですが、実はここに人々の祈りが込められているのです。

◇

端午の節句は、いまでこそ「こどもの日」とされていますが、中国ではもともと、家に降りかかる災《わざわ》いや邪気《じゃき》を払う行事を行う日でした。この日を迎えると、人々はまず野山に分け入り、菖蒲《しょうぶ》やヨモギを摘んできて軒先につるしました。どちらも香りが高く、薬効があることから、悪霊や邪気を払う力があると信じられていたのです。

そして、菖蒲やヨモギとともに、人々が願いを託したもう一つのものがトラでした。中国では古来、トラは四方を守る神の一つ、「西方の神」として崇《あが》められてきました。また、「神虎《しんこ》が人間に災いをもたらす悪鬼《あっき》を食べてしまう」神話があり、悪霊や邪気を払い、子どもの健康と成長を守ってくれると信じられてきたのです。

ちなみに、日本で鎧兜や武者人形が飾られるようになったのは、江戸時代。「菖蒲」が武道を重んずる意味の「尚武《しょうぶ》」に通じることから始まったということです。

月のウサギのルーツはガマガエル⁉

●不老長寿の薬を作り続ける「兎児爺」

古来、中国では円いものは一家団らんの象徴、吉祥のしるしとされてきました。その最たるものが満月です。なかでも中秋《ちゅうしゅう》（陰暦の

八月十五日）の月が、とくに円く明るく見えることから、この日に月を眺めながら家族で食事を楽しみ、家族円満を願うようになりました。日本のお月見も、ちょっと似ていますね。

この夜、中国の人々は、家の中庭にウサギが杵《きね》で何かを搗《つ》いている絵柄《えがら》などの木版画を飾り、机の上に月餅《げっぺい》やリンゴなど円い形をした供え物と、泥人形の「兎児爺《トゥアルイエ》」を飾りました（↓11ページに写真）。

「兎児爺」とは月のウサギの尊称です。

ところで、なぜ月にウサギが住むと信じられるようになったのか、そのルーツをたどっていくと、意外や意外！　月の住人と信じられていた最初の動物は、ガマガエルだったといいます。それは、次のような物語に由来します。

「昔、中国の西方の崑崙山《こんろんさん》に西王母《せいおうぼ》という女神が住んでいました。この女神は不老不死の仙薬《せんやく》を持っていました。ある日、西王母に仕える女官の一人、嫦娥《じょうが》がこれを盗んで、飲んでしまいました。それを知った西王母は怒りました。追われた嫦娥は行き場をなくし、最後に月へ逃げ込みました。月の世界は、実は、西王母の仙薬を、月《げっ》桂樹《けいじゅ》から作るところでした。

『おまえはそこで、いつまでも薬を作っていなさい』

西王母は嫦娥にこう命じ、ガマガエルの姿に変えてしまいました。それ以来、嫦娥は仙薬を作るために臼《うす》を搗き続けているのです」

これは漢の時代の物語です。その後、ほかの地域の物語と融合し、いつしかウサギが主人公になっていったのです。

ちなみに、臼の中身は、日本では餅《もち》になっていますが、本来は月桂樹の葉でした。月のウサギが手にしている杵は竪杵《たてぎね》と呼ばれるもので、主に穀物や葉っぱを粉にするために使われるものです。

孤児たちが見た上海の庶民の暮らし

●かつての上海の街を彷彿とさせる風俗人形

ガチョウを追う女性、楽器を演奏する男性、機《はた》織り、綿打ち、凧《たこ》

黄楊人形「凧を揚げる子ども」（高さ8センチ）

を揚げる子ども（写真）、さらには刑罰の様子まで——いまから半世紀以上前の上海《シャンハイ》の庶民の日常を細かく表現した「風俗人形」。これらを作ったのは、上海の孤児院に住む男の子たちでした。

中国上海市の西南地区にある徐家匯《ジョカワイ》。かつてカトリックの中国布教の中心地だったこの町には、いまも中国屈指の大聖堂がそびえています。

徐家匯でカトリックの布教が始まったのは一六〇七年のこと。この町に住む徐光啓《ジョコウケイ》という天文学者が、イエズス会の布教師を招いたのがきっかけでした。翌年には天主堂が建てられ、続いて天文台、学校、博物館などが創建されました。

イエズス会はまた、慈善事業として孤児院を経営しました。収容されている孤児のうち、男子は小学校に学ぶかたわら、教会の木工所に通いました。もともと、教会に必要な備品を作るために設けられたのですが、外からの注文にも応じていました。彼らはここで訓練に励み、手に職をつけました。これらの風俗人形は、余った材料で、技術の向上を兼ねて作られたものです。材質から黄楊《つげ》人形とも呼ばれ、外国人観光客向けの土産物として、展示即売されました。

参考館には、この黄楊人形およそ百五十点が収蔵されています。参考館創設者の中山正善《なかやましょうぜん》・天理教二代真柱《しんばしら》が上海を訪れた際、民族資料として優れているところに目をつけて購入したもので、いまでは中国でも数少ない逸品がそろっています。

"ニャンニャン"の子授け人形

●生まれる前から子どもの幸せを祈る

昔、中国の北方地方では、子どもがほしいと願う女性は、こぞって「娘娘廟《ニャンニャンびょう》」という所にお参りしました。「娘娘《ニャンニャン》（註生《チューシェン》娘娘）」とは、子どもを授け、守ってくれる道教の女神のことです。

願のかけ方は人さまざまですが、必ず使われるのが縁起物の赤ちゃんの泥人形。廟の参道や境内で、これを買い求め、願をかけて持

縁起人形「霊娃娃《リンワーワー》」（高さ28.5センチ）

って帰り、子どもを授かるとお礼参りに来て女神像の足元に置いていきます。あるいは女神像の足元の人形をこっそり持ち帰り、願いがかなうと倍の数の人形を買って返したりしました。地域によっては、寝室の壁に穴を掘って人形をまつり、願いがかなうとそのまま壁に埋め込んでしまうこともありました。

この赤ちゃん人形には、おめでたい図柄が好んで描かれました。

・子だくさんの象徴であるザクロやスイカ（種が多いから）。
・中国語で「魚」と「余」が同じ発音であることから「余裕ある生活」と結びつけて「魚」。
・お金持ちの象徴である「ボタンの花」。

これらを胸に抱くものが多く見られます。あるいは悪鬼《あっき》を払うとされるトラに乗っているものもあります。子授けを願い、子どもの幸せを祈る親心はみな同じなのですね。

これらの人形は、かつては北京《ペキン》の街中の露店などでも売られていましたが、文化大革命後は見かけなくなりました。

台湾先住民の〝三種の神器〟その一

●祖先を生み出した〝母なる壺〟

琉球《りゅうきゅう》諸島の南およそ六〇〇キロ、中国福建省《ふっけんしょう》の東およそ一五〇キロに位置する「台湾《たいわん》」。日本の九州をひと回りほど大きくしたこの島には、いまでこそ住民の九八パーセントを漢民族が占めていますが、かつては十数の先住民が各地で暮らしていました。

なかでも台湾島南部山地に住むパイワンやルカイの人々は、貴族階層と平民階層から構成される首長制社会を築いていました。これらの民族集団は、それぞれに独立したいくつかの村から成り、各村は、王ともいえる権力を持つ首長を中心に営まれていました。

首長家やその流れをくむ家には、その権威を示す家宝が伝えられていました。元参考館学芸員の紙村徹《かみむらとおる》・神戸市看護大学助教授によると、その中に日本の天皇家の三種の神器《じんぎ》を連想させる性格を持つ

百歩蛇貼付文土壷
（ルカイ　高さ32.8センチ）

ものがあるといいます。
その一つが、高さ三〇センチほどの素焼きの壷《つぼ》。表面には台湾に生息する「百歩蛇《ひゃっぽだ》」という毒蛇《どくへび》をかたどった文様が描かれています。百歩蛇は、山野の獲物や農耕の豊穣《ほうじょう》を保証してくれる神で、首長家の祖先として崇《あが》められてきました。壷をめぐって、次のような神話が伝えられています。

原初《げんしょ》、この壷の中に百歩蛇の卵が現れた。卵は壷に差し込む太陽の光を受けて、だんだんと大きくなっていった。
やがて孵化《ふか》して、雄の百歩蛇が生まれた。その百歩蛇と人間の女性の間に生まれたのが、私たちの祖先なのである。

「壷に太陽が関係するところが、三種の神器の一つ『八咫鏡《やたのかがみ》』に通ずると思うのです。この鏡は、太陽神である天照大神《あまてらすおおみかみ》を象徴するも

のですから」（紙村氏）

百歩蛇の文様を使えるのは頭目家だけ。そのほかの文様も、特定の家柄の者しか使えないことになっていました。

壷はふだんは家の棚《たな》の中に大切にしまわれ、五年に一度行われる祖霊の祭り「五年祭」のときにだけ取り出されて、供え物をささげ、まつられます。このときは、壷の中で孵化した祖霊が、祖霊の山「太武山《たいぶさん》」から帰ってくると信じられているのです。祭りはパイワンの人々の住む地域の北部から南部にかけて村落ごとに順次行われ、祖霊は各村の壷を宿としながら、人々に恵みをもたらしたということです。

しかし、先住民社会にも近代化の波が押し寄せ、昔ながらの村の形は解体していきます。農地改革によって首長は力を失い、一般の住民たちは職を求めて都市へ出ていきました。先祖伝来の壷をはじめとする家宝も次第に売り払われ、多くが海外へ流出していきました。

家宝の壺はだれが作った？

壺をまつる習慣は、パイワンやルカイのほか、いくつかの民族集団にもありました。しかし不思議なことに、東部平地に住むアミの人々以外、どの民族集団にも壺作りの技術が残っていません。昔は作っていたらしいという伝承があるだけで、いつごろのことなのか、まったく分かりません。

唯一、一九三四年（昭和九年）ごろの日本の記録に「台湾中部山地に住むブヌン（当時の人口およそ二万人）には壺作りのできる人間が三人いた。しかし、いまは死んでしまって、だれも作る人がいない」という記述があるといいます。そこから、かつてはどの民族集団にも壺作りの工人がいたのだろうと考えられています。壺自体、だれでも持てるものではありませんから、頭目に仕える特定の人間が携わっていたの

でしょう。それがどういう理由で絶えてしまったのかは分かりません。はっきりしているのは、作り手がないゆえに、壷は家宝として価値を高めていったということです。

ところが数年前、紙村氏がある首長の子孫の家を訪ねたところ、主人が「いまも壷を作っている」といいます。作業場へ案内してもらうと、そこには近代的なガス窯《がま》があり、なぜか漢民族の若い女性が指図をしていました。よく聞いてみると、作っているのは観光客相手のお土産用の壷で、その女性に作り方の指導をしてもらっているとのことでした。

実は、台湾では二十年ほど前から古い文化を見直す運動が起こっています。その一環として先住民の文化も脚光を浴びるようになりました。新しい壷作りは、そのブームに便乗した商法だったというわけです。

台湾先住民の〝三種の神器〟その二

●独りで敵を蹴散らす「青銅柄の短剣」

二番目の神器は、長さ四〇センチ余りの青銅柄《え》の短剣。南部パイ

青銅鋳造形象柄の短剣「ミリミリガン」
（パイワン　長さ42センチ）

ワンの首長家には必ずといっていいほどある家宝の一つです。

かつて戦《いくさ》のときに、この剣を携えて行ったところ、独りでに動き出し、敵を次々に倒していったという伝説があり、戦の守り神として崇《あが》められてきました。このことが日本の三種の神器のうち、ヤマトタケルノミコトの命を救ったという「草薙剣《くさなぎのつるぎ》」に通じるところがあるというわけです。ふだんは首長家に秘蔵され、祖霊を迎える五年祭のとき以外は、だれも見ることができませんでした。

ところで、この剣も壷《つぼ》と同様、だれがどこで作ったのか、なぞになっています。台湾では青銅の原料となる銅《どう》と錫《すず》が取れないうえに、先住民のどの民族集団も青銅器を鋳造《ちゅうぞう》する技術を持っていないからです。外来品を、珍しさから家宝にしたとも考えられますが、柄《え》の飾り模様の形式は明らかにパイワン風のものです。そこで現在では一つの説として、台湾近辺で唯一、青銅文化が花開いた北ベトナムに、鋳造センターのようなものがあって、そこに依頼して作ってもらったのではないかと考えられています。

台湾先住民の〝三種の神器〟その三

●病治しの「トンボ玉首飾り」

　トンボ玉とはガラス製の丸い玉のこと。これをたくさんつなぎ合わせて作った首飾りが、三番目の神器です（↓12ページに写真）。台湾先住民たちは、トンボ玉には呪力《じゅりょく》があり、この首飾りを病人の首にかけると病が治ると信じてきました。

　日本の古代遺跡で見つかる勾玉《まがたま》とガラス玉は似ていますね。そこから日本の三種の神器のうち、天照大神《あまてらすおおみかみ》が天岩屋《あまのいわや》にこもった時、岩《いわ》屋戸《やと》の前の真榊《まさかき》に掛けられたという『八尺瓊勾玉《やさかにのまがたま》』に対応すると、紙村氏は考えています。

　この首飾りはまた、豊穣《ほうじょう》の神、多産の神としても崇《あが》められてきました。その訳は、首飾りの中央にある、ひときわ大きな白色のトンボ玉にまつわる次の伝説にあります。

その昔、祖先にモアカイという美しい女性がいた。男たちは次々と彼女に言い寄ったが、交わろうとすると、みな死んでしまった。実は、モアカイの局部には歯が生えていたのだ。

モアカイはとうとう村を追い出され、村の親にあたる村へ流れていった。そこに一人の賢い男性がいた。彼は、問題の歯をヤスリとハサミで切り取ってしまった。

二人は無事結ばれ、モアカイはたくさんの子どもを産んだ。そのとき削り取った歯で作ったのが、首飾りの白い玉なのだ。

子どもを産めないばかりか、男を殺してしまう不吉な女性が、たくさん子どもを産んで子孫を残した。この〝変身〟の象徴として、白いトンボ玉は信仰の対象になっていったのです。

実際には、これらのトンボ玉はいずれも外来品とのこと。しかし、何代にもわたって人々の祈りが込められてきたのですから、呪力を持つようになっても不思議ではないかもしれません。

トンボ玉は"にせ金"だった?

台湾の先住民たちが家宝とするトンボ玉は、いったいどこから来たのでしょう。このなぞをさぐっていくと、同じようなトンボ玉が、東南アジアからアフリカにかけて、広く分布していることに気づきます。さらにさかのぼると、行き着く先はどうやらヨーロッパらしいのです。

十七世紀の初め、イギリス、オランダ、フランスは東洋貿易推進のために、国が認める独占特許会社「東インド会社」をそれぞれ設立し、激しく争っていました。彼らは現地の人々がガラス玉を珍重する習慣に目をつけて、目的の品物を得るために大量のガラス玉を持ち込んだようなのです。

さらにヨーロッパ産のトンボ玉は、私たちの身近にも及んでいます。アイヌの人々にも違う形で影響していた可能性があるというのです。

アイヌにもトンボ玉を尊ぶ習慣がありました。江戸時代のことです。松前藩の経営する交易所で下働きをしていたアイヌの少女に、一年間の給金としてトンボ玉一つを渡すと、少女はたいへん喜んだ、という話が残っています。

アイヌでは、トンボ玉は結婚のときの結納品や墓に入れる副葬品として、また、その首飾りは女性の盛装にも使われました。その多くは大陸との交易で手に入れた中国産といわれていますが、それでは説明のつかないほど大量のトンボ玉が出回っていた

のです。参考館にも、その一部があります。「実は、江戸時代にアイヌとの交易を取り仕切っていた松前藩も、交易品としてトンボ玉を使っていました。そこで浮かび上がってくるのが〝松前藩江戸屋敷トンボ玉製造説〟です。日本には当時すでにオランダとの交易でさまざまな技術が入っていましたから、松前藩江戸屋敷が堺かどこかからガラス職人を連れてきて、作らせていたのではないかというのです。あくまで仮定の話ですが」（紙村氏）

本当だとしたら、まるでドラマに出てくるにせ金作りの秘密工場のようですね。それにしてもなぜ、たかがガラス玉に人々は魅《ひ》かれたのでしょう。

「そう考えるのは、ガラスが身近にあふれ

ている現代人。ある研究者が言っていました。『ガラス玉は人類初の人造宝石だ』と。

まさに昔は、そのように受け取られていたのではないでしょうか」

問題➡インドネシアのスンバ島に住む女性たちの持ち物です。いったい、なんでしょう。

答え➡耳飾り「マムリ　マス」（高さ7.2センチ。次ページに解説）

女性器をデザインした耳飾り

●独特の世界観を反映

東南アジアに位置するインドネシアは、大小一万七千ものさまざまな島から成ります。生活の様式も島によって異なります。その一つ、スンバ島は、同じインドネシアの人々から〝エロティックな島〟と呼ばれています。

その理由の一つが、この耳飾り。スンバの女性たちが祭りのときに着けるもので、女性の性器をかたどったものだといわれています。これが婚約のあと、新郎《しんろう》側から新婦《しんぷ》に贈られるというのです。

なんとも大胆でストレートな表現！　しかし彼、彼女らは大まじめ。単に性器を崇拝《すうはい》しているわけではないのです。

スンバの民は大昔から、天地、左右、男女など、世の中は相反するものがバランスよく存在してこそ、平穏が保たれると信じて暮らしてきました。そうした考えが、このような装飾品や織物の図案などに反映されているのです。

ですから、この耳飾りと対になる装飾品もあります。男根をイメージした首飾りで、この耳飾りの返礼に、新婦側から新郎に贈られます。

結婚後、この耳飾りと首飾りは、貴重な家の宝となります。二つそろってこそ、平安が約束されるのです。

古代日本をインドネシアに見た！

二股《ふたまた》の大木を利用して作った木ぞりに載せられた、重さ十トンはあろうかという巨石。木ぞりには四本のロープがくくりつけられ、それを四百人ほどの男たちが掛け声に合わせて、満身の力を込めて引っ張る。銅鑼《ドラ》が打ち鳴らされ、男たちが声を上げるたびに、巨石は小刻みに進んでいく——。

◇

若いころの体験は、時に人生を左右することがあるもの。吉田裕彦学芸員の場合、

ゼミの担当助教授について、インドネシアにあるスンバ島の秘境の村へ旅をしたのが、学芸員になるきっかけでした。この島は、インドネシアの古い風習をよく残していることで有名ですが、日本では古墳時代さながらの暮らしぶりがいまも営まれている島として知られています。

ジャンボジェット機で、まずはバリ島に向けて大阪国際空港を出発。一九七五年（昭和五十年）当時、バリ島への直行便はなく、シンガポール、ジャカルタを経ての長旅でした。バリ島でプロペラ双発《そうはつ》機《き》に乗り換え、さらに三時間ほど飛んだ所にその島はありました。飛行機を降りると、今度はジープ型トラックに乗り換え、道なき道をおよそ五時間かけて激走。目的のムロロ村で吉田青年が目にしたのが、冒頭の光景でした。

スンバは、王を頂点に、貴族、平民らからなる階級社会。王家に死者が出ると、権威を示すために壮大な葬儀が行われます。そのセレモニーの一つとして、石引きが行われ、巨石で墓が造られます。吉田青年が見たのは、その石引きの様子だったのです。

大阪の三ツ塚古墳で、スンバの木ぞりとそっくりの「修羅《しゅら》」という石運びの道具が見つかったのは、それから三年後のことでした。

〝東南アジアには日本の古代を知る手掛かりがある〟。以来、吉田学芸員はスンバの魅力に取りつかれ、ほぼ毎年、フィールドワークに島を訪れています。参考館にはスンバの〝修羅〟をはじめ、たくさんの織物や装身具などが収められています。

目からウロコのスンバの土器作り

インドネシアには、いまも煮炊きなどに素焼きの土器を使っているいくつかの島があります。これらの土器は、日本の弥生《やよい》土器にそっくり。しかもその製法は、数千年前から変わっていないと考えられています。

スンバ島もその一つ。島には、土器作り専

門の村があり、制作を一手に引き受けています。作業に当たるのは、女性たちです。
　土器作りはまず、粘土を直径一五センチほどのボール状にすることから始まります。次に、出来上がった粘土のボールの一カ所にくぼみを作り、そこにこぶし大ほどの丸い石を入れ、ゆっくりとくぼみを広げていきます。石がくぼみの中にすっぽり収まるようになると、粘土のボールをひざに乗せて、片方の手でくぼみの中の石を握って内壁にあてがいます。そして、もう一方の手にたたき板を持ち、石の当たっている部分を外側からたたいていくのです。こうして全体を満遍《まんべん》なく薄くしながら、丸底の器を作っていきます。口の部分は、たたき板を器用に使いながら仕上げていきます。
　吉田学芸員は作業の様子を見て、目からウロコが落ちる思いがしました。それまでに知っていた土器の作り方は、粘土紐《ひも》で作った輪を重ねて壺《つぼ》の形にしていくというやり方だったからです。

「なんとも単純で理にかなった方法だと思いました。ひょっとすると、日本の弥生人もこんなふうに壷を作っていたのかもしれませんね」

形の出来上がった壷は、ある程度乾燥させると、野焼きをします。土器の上に枯れ枝や枯れ草を山のように積み上げ、火をつけるのです。さながら、キャンプファイヤーといったところでしょうか。山はおよそ三十分で燃え尽き、灰の中から赤褐色《せきかっしょく》になった立派な土器が姿を現します。

しかし、このような彼らの営みも、まもなく姿を消してしまうのかもしれません。ここ数年普及し始めたプラスチック製のバケツや金属製の鍋《なべ》に、土器はその役割を奪われつつあるということです。

ガムラン楽器の収集・保存てん末

●〝保存〟のため生まれた「ガムラン同好会」

毎週土曜日の夕方になると、天理大学のキャンパスの一角から、軽快なガムランの調べが流れてきます。ガムランとはインドネシア

学園祭で演奏する天理大学ガムラン同好会のメンバー

の伝統音楽。打楽器を中心にした合奏音楽で、宮廷や寺院での奏楽、舞踊や仮面劇の伴奏などに用いられてきました。演奏しているのは、天理大学ガムラン同好会（山本春樹《やまもとはるき》顧問、吉田裕彦監督）のメンバーたちです。

彼らが使っている楽器は、実は参考館の収蔵品。本来ならガラスケースに展示されるべきものが、なぜ使われているのか。その訳は、楽器があまりにも素晴らしかったから。

参考館の資料収集の方針は、人が実際に使っていたものを集めるというもの。新品はきれいですが、生活のにおいが感じられません。手垢《てあか》のついたものであるからこそ、人々の暮らしをうかがい知ることができるのです。ガムランの楽器の場合も、バリのある演奏グループが使っていたものを、一式そっくり譲り受けました。

当時の参考館には、ガムランについて解説した詳しい資料がありませんでした。そこで、大阪音楽大学の演奏グループに教えを請うことにしました。

「へぇーッ、古そうな楽器ですね。ガムランの場合、新品は使えないんですよ。演奏者がたたき込んで音色《ねいろ》をつくっていくんです。これはきっと、いい音がしますよ」

このひと言で、楽器の運命は変わりました。そんなにいい楽器なら展示しておくのはもったいない、学生たちに呼びかけて演奏グループをつくろう、ということになったのです。

「物を保存する博物館が、資料を使うなんてけしからん、という声もありました。でも、実は楽器というのは使うほうが寿命が伸びるんです。実際に奏でることで、本来の姿をみなさんに見てもらうこともできますしね」

と吉田学芸員。

思わぬところから始まった、参考館の一つの新しい試みです。

牛フンは乳しぼり用バケツを清める？

学芸員の仕事の一つに、集めた資料の整理があります。一点一点に通し番号をつけ、写真を撮り、整理カードを作って台帳に記録する作業ですが、時には思いがけない経

験をすることも。

　ある時、ネパールの民ネワール人が使っていた牛の乳しぼり用バケツが大量に持ち込まれました。高さおよそ三〇センチ。木をくり貫いて作ったもので、表面には集落ごとに独特の幾何学《きかがく》文様が刻まれています。牛を飼う家には必ずあったものなのですが、ここ数年で金属やプラスチック製のバケツに取って代わられるようになりました。

　資料の整理に当たった吉田学芸員は、バケツを前に思わず鼻をつまみました。なんと、どのバケツも内側にはミルクの脂肪分が、外側には牛フンが層をなしてこびりつ

いているではありませんか。二つのにおいが入り交じる部屋で思わず腕組みをしましたが、整理しないわけにはいきません。

　翌日からバケツとの格闘が始まりました。外側にこびりついているフンの一部をサンドペーパーで削り取ってラベルを張りつけ、写真を撮る作業に没頭しました。

　作業をしながら吉田学芸員は考えました。

「乳脂肪分はいいとして、なぜこれほど牛フンがこびりついているんだろう……。たしかヒンズー教では、牛は神の使いだったな。牛フンも汚いものではなく、むしろバケツを浄化《じょうか》するものとして、わざと擦《す》り込んだのかもしれないな」。そう考えなければ説明がつかないほどの、こびりつきようだったのです。

　そうこうするうちに整理は終わりました。バケツの総数は二百九十一個でした。

バリの神秘!? 病気治しの血染めの布

●知られざるバリのもう一つの顔

　人の血で染めた魔よけの布。それを身にまとうと病気が治る――

〝地上最後の楽園〟とうたわれるバリ島に、人々がそう信じて珍重してきた織物があります。その名は「グリンシン」（↓13ページに写真）。現地の言葉で「無病息災《むびょうそくさい》」という意味です。古来からバリに住む「バリ・アガ（＝先住民の意）」の手で織られてきました。

実は、いま栄えているバリの文化はもともとバリにあったものではなく、お隣のジャワ島で生まれたもの。現在の大多数のバリ人の祖先は、イスラム教の勢力に押し出されてこの島に逃れてきたジャワ島のヒンズー教徒たちなのです。

バリ・アガもヒンズー教徒なのですが、ジャワ島からの移民と交わることを避け、山奥に村をつくって、昔ながらの伝統を守り続けてきました。その暮らしは、常に神とともにあります。月に五、六回、小規模のお祭りがあり、毎日その準備に明け暮れています。グリンシンは、この祭りのときに身に着ける神聖な衣装として織られる布なのです。経緯絣《たてよこがすり》という世界でも珍しい高度な技術で、祈りを込めながら丹念に織られていきます。

グリンシンはその珍しさから、いつしか村外のバリ人から〝霊力のある布〟と信じられるようになり、人の血で染めているという、まことしやかな話まで生まれました。しかしこの村にも観光産業の波が押し寄せ、いまでは土産物として売られるようになっています。現金収入になるとあって若い織り手も増えましたが、村のお年寄りたちは困惑気味。「売らんがために早く作ろうとするから仕事が雑だ」と、心の抜け落ちた物づくりに嘆いているということです。

参考館には、この無病息災の布をはじめ、バリ・アガがまだ脚光を浴びていなかったころ、人々が祈りを込めて作った織物や、民具およそ百十点が収蔵・展示されています。

愛を語る楽器「びやぼん」

びやぼん――実は、これは日本の古い呼び名。現在は、口琴《こうきん》と呼ばれている楽器のことです。といっても、知らない人がほとんどかもしれません。

口琴は、ユーラシア大陸、東南アジア、オセアニアなどの広い範囲に見られます。かつては日本でも流行しました。また、北海道のアイヌの人々が奏でる「ムックリ」も、この楽器の仲間です。

材質は、木、竹、金属など。枠の真ん中に弁があり、これを振動させて演奏します。楽器を口にくわえて、弁の根元に取り付けられた紐《ひも》を引っ張るか、弁を指で直接はじくかすると、振動が口の中に共鳴して、「ビョーン　ビョーン　ビョーン……」と、シンセサイザーで作ったかのような、神秘的な音が響き渡ります。さらに口の形を変えると、音色《ねいろ》や音階がさまざまに変化します。メロディー演奏のほかに、水や風の音、動物の鳴き声など自然の音の模倣《もほう》、精霊との対話などに用いられました。

また、「口琴言葉」なるものも発達しました。しゃべるように口の形を変えながら演奏するのです。口琴言葉は、相手に直接言いにくいこと、たとえば愛の告白などに用いられました。

日本では江戸時代に大流行。「びやぼん」「口琵琶《くちびわ》」などの名で親しまれ、これで念仏まで唱えたとか。しかし、風紀上よろしくないと、お上《かみ》がこれを禁止。明治のころにはすっかり姿を消してしまいました。わずかに名残があるのは辞書の中です。「口琴」の項を引くと、「日本のびやぼん」と出てきます。

参考館には、東部シベリア、台湾、カンボジア、フィリピンなど、各地の口琴が収蔵されています。

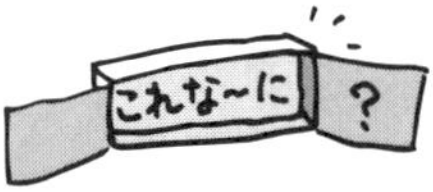

ヒント➡ボルネオの先住民のベビー用品です。

答え➡子負い籠「アバット」（高さ32.6センチ。次ページに解説）

日本では珍しいボルネオのコーナー展示

●精霊「アソ」が子どもを守る

前ページの写真は「子負い籠《かご》」。南洋の島「ボルネオ」には、「ダヤック」と呼ばれる先住民たちが住んでいます。この籠は、その中のカヤンという人々が使っていたものです。

半円形の木の板に、籐《とう》で編んだ背もたれを付けたもので、これに赤ん坊を座らせて背負います。背もたれの外側にビーズのモザイクで描かれているのは、精霊「アソ」の頭。カヤンの人々が信じている精霊で、この文様は貴族以外は使えないということです。その周囲には、サルのドクロや動物の牙《きば》がつるされています。これらで子どもを悪霊から守ろうというわけです。

ボルネオは赤道直下にある熱帯雨林の島。面積は日本のおよそ二倍で、その三分の二に当たる南部がインドネシア領、残りの三分の一の北部がマレーシア領とブルネイ王国に分かれています。先住民たちは焼き畑を営み、狩りをし、ロングハウスと呼ばれる高床式《たかゆかしき》の集合住宅で暮らしてきました。

参考館には、彼らの民具や祭具およそ三百点が収蔵されています。現在、日本国内で、これだけまとまったボルネオの資料はありません。いずれも豊かな色彩と、あでやかなデザインのものばかり。熱帯雨林の森に花開いた、知られざる美の世界がここにあります。

南洋の密林には出会いの数だけ神がいる

●夢で出会った精霊を刻んだ仮面・神像

世界地図を広げると、オーストラリア大陸の北側に、大きな島を見つけることができます。ニューギニア島です。パプアニューギニアは、この島の東半分(西半分はインドネシア)と周辺の六百の島々から成る赤道に近い国です。国土の大半は熱帯雨林に覆われ、言葉

の違う七百以上の民族集団が、いまも新石器時代を思わせる暮らしをしています。

彼らは昔から自然とともに生き、精霊を崇《あが》めて暮らしてきました。低地地方のどこの村にも「精霊堂（ハウス・タンバラン）」と呼ばれる建物があり、なかには精霊の姿を彫りつけた仮面や神像（↓13ページに写真）が所狭しと並べられています。

仮面や神像の姿形は村によって一定の様式がありますが、一つとして同じものはありません。その訳は、出会いの数だけ精霊がいると、人々が信じているからです。

仮面や神像を作るのは、男たちの仕事です。制作は、夢の中での精霊との〝出会い〟から始まります。彼らにとって、夢の中の出来事は事実です。夢は、眠っている間に体から抜け出した魂の体験だと信じているからです。彼らの説明によると――

夜、体が眠りに就くと、魂は頭蓋骨《ずがいこつ》のすき間から抜け出します。そして、森の中をさまようのです。やがて精霊が現れ、「わしの像を作ってまつるならば、おまえを守ってやろう」と告げるのだそうです。

朝、目が覚めると、男たちは夢で出会った精霊の姿を忘れないうちに、制作に取りかかります。こうして出来上がった仮面や像を、精霊堂に運び込むのです。

パプアニューギニアの男たちは、いまも毎夜、精霊との出会いを繰り返しながら、仮面や神像を作り続けているということです。

精霊堂の仮面に値札!?

不思議な造形と独特の色彩で飾られたパプアニューギニアの仮面や神像。これらを所蔵する博物館は世界中に数多くあります。

この地に外来者が訪れるようになったのは、一九三〇年代のこと。探検家、農場経営者、鉱山師、伐採業者らが、新たな資源を求めて次々にやって来ました。彼らは仮面や神像に魅《み》せられ、本国へ持ち帰るようになりました。

パプアニューギニアの人々は、昔から商

才に長《た》けていました。村ごとに特産品があり、物々交換などによってそれぞれが必要な物を手に入れる流通の仕組みが、古くから整っていたからです。

そんな彼らが、外来者の反応を見過ごす訳がありません。仮面や神像を土産物として売りつけるようになったのです。

元参考館学芸員の紙村徹・神戸市看護大学助教授によると、村によっては、精霊堂に並ぶおびただしい数の仮面すべてに、値札がぶら下がっているといいます。

しかし、彼らの考え方がユニークなのは、売買する像も神聖なもので、精霊が宿っていると信じているところです。実際、売買は店ではなく、精霊堂の中で行われます。

「私たちの常識からすると、聖なる物を商品にするなど考えられないことですが、彼らにとっては矛盾《むじゅん》しないんです。それはおそらく、彼らの日常に聖と俗の区別がないからでしょう。たとえば、ふだん使うイスや、子どものおやつを作る道具にまで精霊の像が施されているんです」

考えようによっては、売り物だから俗、そうでないから聖と区別するほうがおかしいのかもしれません。とにかく、一事が万事、私たちの物差しでは測ることのできない人々だということです。

"非売品"は人食い精霊が宿る神像?

●森の主への畏れ現す

外来者相手に神像を売るパプアニューギニアの人々。そんな彼らにも売り物にしたくない像があるといいます。その一つが、次ページの写真の神像。木の表面を松明《たいまつ》の火であぶりながら黒曜石《こくようせき》のナイフで削っていくというもので、鉄製のナイフが手に入る以前の古い技法で作られています。彩色はまったく施されていません。

マムバルグという精霊をかたどったもので、次のような伝説が残っています。

マムバルグは山の岩穴で生まれた。それから間もなく、人間の男に化け、放浪の旅を始めた。そしてある家の前で、木の棚《たな》に安置されている男の死体を見つけた。マムバルグは死体を肩に担ぐと、山々を越えて南に向かった。

死体が腐り始めると、マムバルグはその肉をかじり、骨を捨てながらさらに進んだ。森に捨てられた骨はカスカス（フクロネズミ・有袋類《ゆうたい》）になり、川に捨てられた骨はカメになった。髪の毛や体毛はヒクイドリに、食べられずに捨てられた内臓はヘビになった。

やがて、ある川の上流にそびえる高い山のふもとまで来たとき、そこに巨大な岩を見つけた。マムバルグはそれに穴を

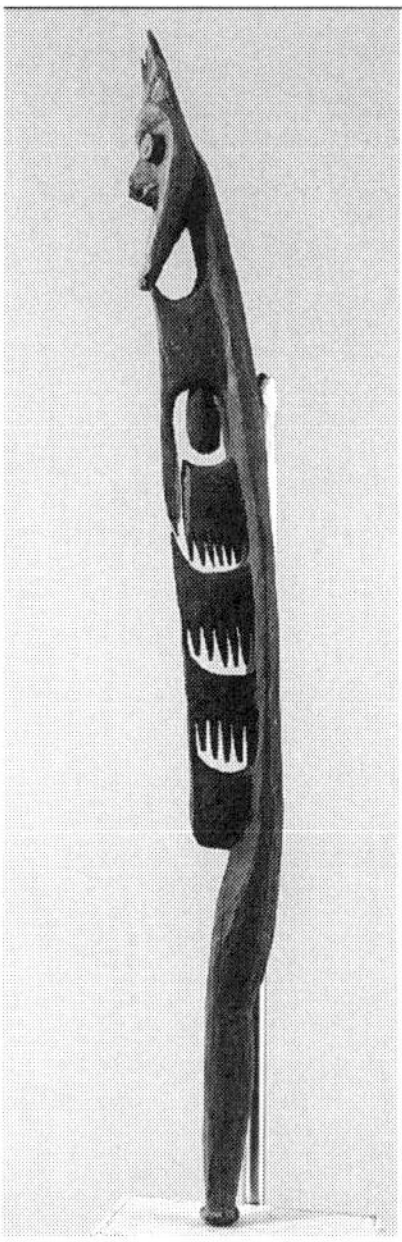

木彫りの氏族霊像「マムバルグ」
（セピク河中流域　高さ135センチ）

うがち、捨てずに持ってきた頭蓋骨《ずがいこつ》をつるすと、たくさんのコウモリになった。

そこに一人の男がやって来た。マムバルグは、男に「男の家(精霊堂)」を作るように命じ、そこに定住した。

男はマムバルグの命令で、その姿を木に彫りつけたところ、マムバルグの姿は消え、その霊が木像に乗り移った。


恐ろしい話ですが、森の生き物をつかさどる「主《あるじ》」への畏《おそ》れと信仰が語られているとも読み取れそうです。以来、この男の一族はマムバルグの像を作り、屋内にまつるようになったということです。像は男たちに狩りや戦《いくさ》の力を与え、人々の病を癒《いや》したといいます。

マムバルグの像は、新しい参考館一階のパプアニューギニアのコーナーに、さまざまな仮面や像に交じって展示されています。あなたもぜひ、探してみてください。

男たちの成人を見つめ続けた母神像

木彫りの母神像
（セピク河下流域
高さ104センチ）

●精霊堂は母の胎内

このタイプの像は、ニューギニア島のセピク河中流域にある村々の精霊堂に見られるものです。入り口近くの梁《はり》の部分に、作りつけになっています。ちなみに精霊堂は女人禁制。それなのになぜ、このような女人像が飾られているのでしょう。それは、精霊堂が彼らにとって〝お母さん〟だからです。

この地方の男たちは全員、一人前になるために、数度にわたるイニシエーション（成人儀礼）を受けます。内容は、精霊堂でのお籠《こも》りです。十一、二歳から始まり、三十歳くらいまでの間に、五回ほどにわたって行われます。

彼らにとって、このお籠りは、死んで新たに生まれ変わることを意味します。精霊堂へ入って一度死に、新たに生まれ変わる時が来るのをジッと待つのです。つまり、精霊堂は母の胎内、母神像はその象徴として、一部始終を見守っているのです。

お籠りが終わると、男たちは着飾って精霊堂の外に出ます。この行為は文字通り「出産」と呼ばれています。「出産」された若者たちは、親族らの祝福を受け、一人前の男への階段を一歩一歩上っていくのです。

祖霊が飛行機に荷物を積んでやって来る!?

パプアニューギニアの人々は、なぜ、昔ながらの暮らしを続けているのでしょうか。理由の一つは、彼らの性質にあると、紙村氏は言います。

この国の人々は昔から、男女の区別はあるものの、人はみな平等で、同じ権利を持っていると考えてきました。そして、自分の権利を守るために、しのぎを削って生きてきました。そのためでしょうか、他人の言葉を簡単には信用しないといいます。

たとえば、白人の到来とともに、この地にもキリスト教が伝わりました。すべての物は祖霊から与えられると信じている彼らにとって、イエス・キリストは白人に豊かさをもたらす神と映りました。「あの神を信じれば、物に不自由しない暮らしができ

るに違いない」。そう考えて、たくさんの人が改宗していきました。しかし、信仰しても一向に暮らし向きが変わらないので、疑いを抱くようになりました。

「神父は『一生懸命働きなさい。そうすれば豊かになれる』と言うけれど、神父は働いていないのに、おれたちより豊かだ。きっと、何か秘密を隠しているに違いない」

彼らのこうした不満は、折々に「カーゴ・カルト（船荷信仰）」と呼ばれる形で表れます。「おれは、白人たちの秘密をつかんだ！」と叫ぶ者が現れ、「言う通りにしたら、祖霊が船に荷物をいっぱい積んでやって来るぞ」と、人々を扇動《せんどう》するのです。しかし、やがて祖霊が来ないと分かると、騒

ぎは収まります。

　ある時などは、「祖霊が飛行機に荷物を積んでやって来る」といって、山の上に、木や樹皮布などで張りぼての飛行機を、平地に滑走路と木造の管制塔を造ったこともありました。おまけに管制塔の中には、祖霊と交信するための木彫りの電話まで備えつけられていたといいます。

「太古から培われてきた民族性が、外来の文化を簡単に受け入れにくくしているんです。これが彼らにとって、幸なのか不幸なのか……。もっとも、民族学を研究する者にすれば、いつまでもこのままであってほしいんですけどね」と紙村氏。

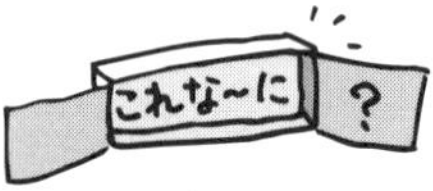

問題➡ペルーの古代人の墓から出土した副葬品の一つです。さて、用途は次のうちどれ？

1、置物
2、容器
3、頭からかぶるお面

答え➡2（高さ36.8センチ。次ページに解説）

ペルーの壷はおもしろい

●アンデスの戦士像の壷

前ページの写真の壷《つぼ》、おもしろい形をしていると思いませんか。戦士の頭に付いている、取っ手の先の突き出している部分が注ぎ口。この部分が、馬に乗るときに足をかける「鐙《あぶみ》」に似ているところから、「鐙型注口壷《ちゅうこうつぼ》」と呼ばれることがあります。

この壷は、かつて南アメリカ大陸に栄華を誇ったアンデス文明の忘れ形見《がたみ》。ペルーを中心とする中央アンデス地帯には、この地を統一したインカ帝国が十六世紀にスペインによって滅ぼされるまでのおよそ二千年間、いくつもの独自の文化がそれぞれに花開き、そして滅びていきました。

太平洋に面した沿岸地域は、ほとんどが砂漠地帯。人々は、その中を縫《ぬ》うように流れる川筋のほとりに集落をつくり、目の前に広がる太平洋の恵みを受けて豊かな文化を築いていきました。

この地域ではいつの時代にも、常に鐙の形をした土器が作られていました。しかし、なぜこんな形にしたのか、いまもよく分かりません。

もちろん「鐙型注口壷」という名称は、近代の専門家が付けた学術用語です。スペインが上陸するまで、アメリカ大陸に馬はいなかったのですから。

ナスカの壷の絵は現代に通じるアート

●恐ろしげな中にもどこかユーモラスな獣神

ペルー中部沿岸にあるナスカ大地。ここは、「ナスカの地上絵」で有名な土地です。コンドル、ハチドリ、クモ、キツネ、シャチなどの動物の地上絵は、飛行機からでないと、全体が見えないくらい巨大！　だから、宇宙人が描いたのでは？　と信じている人もいます。

「獣神」のデザインいろいろ

上から順に
鉢（口径10センチ）
コップ（口径10センチ）
橋型注口壺（高さ17.1センチ）

このナスカの遺跡からは、とてもユニークな絵が描かれた壺《つぼ》、鉢《はち》、コップなどが見つかっています。白地に、赤、黄、茶、白、グレー、黒を基調にした、現在のデザイナーに負けずとも劣らない描写です。

絵の題材は、獣神、動物、植物、魚、幾《き》何《か》学《がく》文様など。ちなみに写真の容器の絵は、ナスカの人々が崇《あが》めた怪獣神。モデルはジャガー（アメリカヒョウ）ではないかといわれています。人間にはない鋭い牙《きば》と爪《つめ》を持つ森林の王者に、人々は神を見たのでしょうか。

水を注ぐと音の鳴る不思議な壺

鳴笛壺（レクアイ文化層　高さ15.2センチ）

●暮らしのゆとり楽しむため？

写真は「鳴笛壺《めいてきつぼ》」と呼ばれる古代アンデス独特の土器の一つです。壺の中に、ホイッスルのような構造をした笛が仕込まれているので、こう呼ばれます。この壺の場合、小動物の部分に付けられています。

いったい、なんのために壺に笛を仕込んだのでしょうか。一般には、壺に液体がいっぱいになると音が止まることから、満杯になったことを知らせるブザーだった、あるいは、中に入れたのは酒で、酒の席に興を添えるための装置だった、などといわれています。

しかしこれらの壺は、すべてお墓の副葬品。壺と笛の関係に、何か秘められた宗教的な願いがあったのではないでしょうか。

「そうですね。笛はほかの地域では、古代から、死者との交信に使われる例が見受けられます。あるいはこの壺も、そんな役目を持っていたのかもしれませんね」と、資料の保存整理を担当する佐々木久育学芸員。

笛と壷、あなたなら、さてどんな説を立てるでしょうか。

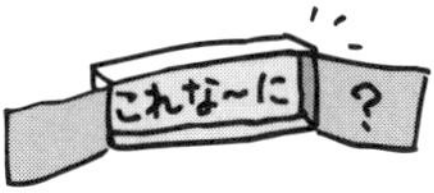

問題➡「インカ裂《ぎれ》」と呼ばれる中央アンデスの織物に描かれた文様の一つです。何を表しているのか分かりますか？

答え➡鳥（次ページに解説）

現代の染織家もびっくり！アンデスの織物

●棒切れだけの原始機で織りなす見事な図案

前ページの図案、実は鳥を描いています。

コロンブスが到達する以前の南アメリカ大陸で作られていた織物の文様の一つです。ほかにも上のような図案がいっぱい。この織物は、かつてこの地で栄えたインカ帝国にちなんで「インカ裂《ぎれ》」と呼ばれています（→14ページに写真）。

インカ裂はいずれも埋葬品。ペルーからチリにかけての海岸砂漠地帯に埋葬され、ミイラ化した遺体が身にまとっていた衣服や切れ端で、その見事なデザインと織りの技術の高さから、多くの人々から注目されています。参考館にもインカ裂が収蔵されています。

知るほどに目を見張る〃超絶技巧〃

玉城《たまき》厚子《あつこ》

学芸員が参考館に入った最初の仕事は、インカ裂《ぎれ》の整理でした。しかし当時、染織についてはずぶの素人。織物のどの方向が経《たて》か緯《よこ》かさえも分かりません。これではまともな展示もできないと思い、まずは機《はた》織りを習うことにしました。

　インカ裂を織るのに使われた機は、数本の棒切れを組み合わせた「原始機」と呼ばれる簡単なもの。そこで、この機から始めることにしました。

　ところが、だんだんと織りの技法が分かっていくにつれて、インカ裂はとんでもない織物だと思うようになりました。現代の機械織りの複雑な技法のすべてが使われているからです。西陣織《にしじんおり》の綴《つづ》れ織りもその一つ。それをすでに千年も前から、原始機で手間暇かけて織っていたところに、アンデス文明の質の高さを見る思いがするのです。

アンデスの男の必須アイテム「石投げ紐」

●ふだんはヘアバンドなどとして携帯

インカ裂《ぎれ》の中には、いまもアンデスの男たちが愛用している「石投げ紐《ひも》」と呼ばれるものがあります。長さはおよそ二メートルから三メートル。

中央の幅の広い部分に石をはさみ、二つ折りにして両端をもってブンブン振り回し、加速がついたところで片方の端を離して石を遠くに飛ばします。『旧約聖書』サムエル記でおなじみの、少年期のダビデが巨人ゴリアテをエラの谷でやっつけるのに成功した投石器と同じものと思ってください。同様のものは各地に残っています。

この投石具は、もとは狩りの道具だったのでしょうが、インカ帝国時代には戦争の武器にもなりました。いまでは農作物を守るために鳥や小動物を追い払ったり、放牧しているリャマや羊の群れを操るために使われています。

石投げ紐はアンデスの男たちにとって、必須のアイテム。ヘアバンドにしたり、飾りの腰紐にしたりして常に携帯しています。自分の体格や腕力に合わせて、それぞれが使いやすいものを自作します。作り方は日本の帯締めなどに使われる組み紐と同じで、その技術の高さは組み紐の専門家も目を見張るほど。しかも彼らは道具を使わず、手と足だけで自分の好みの紐に仕上げるのです。

ライバルは太陽光線？ グアテマラの民族衣装

●高地にいまも息づくマヤの織物文化

家の土間に座り、何本ものカラフルな糸を使いながら機《はた》を操る母親。その横で、幼い娘が母の手の動きをジッと見つめている——中央アメリカの国、グアテマラの高地で、いまも見られる暮らしのひとコマです。

グアテマラは、かつてここで栄えたマヤ文化の中心地。標高二千メートルに及ぶ高地の村々では、マヤ文化を育《はぐく》んだ人々の末裔《まつえい》が、いまも昔ながらの暮らしを守っています。その代表が村人たちの衣装（↓12ページに写真）。高地の強い太陽光線に負けないくらい、鮮やかな原色の文様が特徴です。これらの衣装はすべて女性たちの手作り。いまも家族の衣服を自分で機を織ってまかなっているのです。

彼女たちは、市場で好みの糸を仕入れ、原始機という簡単な仕組みの機を使って、家の中で、あるいは外で井戸端会議をしながら、コツコツ織り続けます。一枚の衣服を仕上げるのに何カ月もかかるので、布はリサイクルを繰り返し、ボロボロになるまで使われます。

ヨーロッパの人々が最初にこの地を訪れてから五百年、その後、西洋の文化もたくさん入ってきました。その中で、伝統の衣装を身にまとう人々の姿からは、独自の文化を大切にしようとの心意気が伝わってくるようです。

伝統の技は家族の絆も織りなしていた

玉城厚子学芸員は二〇〇〇年（平成十二年）、いまも昔の暮らしを守り続けるグアテマラの村の一つ、サンタ・カタリーナ・パロポ村を訪ねました。ここは十年前にも、織物の調査と収集に訪れた場所でした。村では相変わらず、女性たちが機《はた》を織る姿が見られます。そのかたわらで母の手仕事を学ぶ少女たちの姿も、十年前と同じでした。

彼女たちは小さなうちから、母を先生として機織りを学びます。機織りはマヤの女性のたしなみであるとともに、現金収入にもなるので、母の手技を見つめる目は真剣そのもの。尊敬の念さえ浮かべています。

「早く一人前になって、私の織ったものを市場でお父さんに売ってもらうの。そうしたら、家が少しでも楽になるもの」。調査に訪れた家の七歳の少女は、そう話してくれました。伝統の技は、布だけでなく家族の絆《きずな》をも織りなしているのです。

「昔は日本も同じだったんです。機織りは、母から娘へ受け継がれていました。そして子どもも家の暮らしを助けていました。いまは物が豊かになって、そんなことはなくなりましたけどね。

でも、料理でもなんでもいい、母から子へ伝えられるものがあるといいですね。グアテマラの母娘のように、それを通して親子の絆が深まると思うんです」

〝皇帝の紫〟を普段着にするメキシコの女性たち

●気の遠くなるような手仕事「貝紫染め」

メキシコのオアハカ州にあるピノテパ・デ・ドン・ルイス村。この村の女性たちは、普段着に鮮やかな紫色のスカートをまとっています（↓14ページに写真）。実はこのスカート、かつて古代ローマで

〝皇帝の紫〟と称され、皇帝の衣装にのみ使われた紫色の染め方と、同じ方法で染められたものです。

「貝紫《かいむらさき》染《ぞ》め」と呼ばれる技法で、ヨーロッパでこの色が珍重された理由は、その気の遠くなるような作業にありました。

染めに使われるのは、ヒメサラレイシという小さな貝。この貝の体液を糸に染み込ませ、太陽にかざすと、鮮やかな紫色が浮かび上がるのです。

一つの貝から取れる染料はごくわずか。一グラムの染料を得るのに二千個の貝が必要だといわれます。

ピノテパ・デ・ドン・ルイス村の染め人は、仕事が入ると、糸の束を持って浜辺へ出かけ、小屋を建てて泊まり込みで染めにかかります。来る日も来る日も、磯《いそ》で貝を探し集め、閉ざしている貝の口を少し押さえて、吐き出す体液を糸に浸《し》み込ませては、太陽にかざす作業を黙々と繰り返すのです。

この技法、かつては世界各地で行われていましたが、ほとんどが絶えてしまいました。原因は貝の乱獲です。

ピノテパ・デ・ドン・ルイス村の染め人たちは、使い終えた貝は殺さずに、必ず海に返します。そうすることで次回も使えるからです。こうした自然と共生する知恵が、伝統を守ってきたのです。

生活文化資料の世界 II

国内では珍しい日本人移民の資料

●日系人の歴史を知っていますか？

「なんで、ブラジルに日本人が住んでるの？」

某《ぼう》テレビ局でアルバイトをしている大学生のKさんは、ある時、日本で働く日系ブラジル人の問題でインタビューを求めた日本の青年から、こんな言葉を聞きました。

「ご存じないんですか……」

実はKさんは日系三世。自分たちのルーツと慕ってきた日本の国の人々が、日系人の歴史を知らないことに、大きなショックを受けたといいます。

いま、日本へやって来る外国人労働者が年々、増え続けています。彼らの目的は、日本でお金を稼ぎ故郷に錦《にしき》を飾ること。同じように、かつて一獲千金《いっかくせんきん》を夢見て、多くの日本人が海を渡った時期がありま

移民らが原生林を切り開くときに作った開拓小屋（復元）。ヤシの幹を二つ割りにした用材で建てたもので、材の隙間からは風雨だけでなく、ヘビもよく入ってきたという

した。その歴史は、一八六八年（明治元年）にまでさかのぼります。

当時、明治維新によって、日本は近代国家への道を歩み始めていました。しかし、国の経済は貧しいものでした。そんな状況の中、海外へ働きに出る人が増え始め、政府もこれを後押ししたのです。ハワイへの百五十八人を皮切りに、北米や南米などの農業労働者を求める国々に、次々と移住者を送り出しました。

ブラジルに大量の日本人が移住するようになったのは、一九二三年（大正十二年）の関東大震災後のことでした。政府は失業者対策として、渡航費用の半額負担（のちに全額負担）を打ち出して南米への移民事業を推進したのです。移民斡旋《あっせん》業者の「コーヒーは金のなる木。一年たったら億万長者」とのうたい文句も手伝って、多くの人々が海を渡りました。

しかし実際に彼らを待っていたのは、安い賃金と過酷な労働でした。日系人たちはその中でも黙々と働き、ようやく手に入れた土地財産を第二次世界大戦のために没収されるなどしながらも、持ち前の勤勉さで、それぞれの国の経済の一翼を担ってきたのでした。

そのような中で、神の教えを伝える目的で海を渡った人々がいます。天理参考館の「南北アメリカの日本人移民」コーナーでは、そんな彼らの歴史の一端を紹介。写真の開拓小屋をはじめ、日本では珍しい移民ゆかりの品々を展示しています。

天理教布教師ゆかりの品々を収集

天理参考館の移民資料は、実は天理教の海外布教師ゆかりの品々ばかり。当時、農業移民の名で、たくさんの布教師たちがブラジルに渡っていきました。

参考館の創設は、海外布教を志す者のために天理外国語学校（現天理大学）内に設

けられた海外事情参考品室がきっかけ。ならば、逆に海を越えていった布教師の足跡を残そうと、一九八七年（昭和六十二年）から移民資料の収集が始まりました。
　任に当たった佐々木久育学芸員によると、どの品物もその家にとっては家宝のようなものとのこと。なかには、涙ながらに譲ってくださった方もあったといいます。資料には、最初に移住した人のパスポートなど、日本とのつながりの証《あかし》となる品が数多く見られます。

家宝は「おじいさんのパスポート」

日本帝国海外旅券（一九一三年）

●日本とのつながり示す唯一の証

日系一世ゆかりの資料の中で最も多いのが、パスポートや、農場との契約書など、渡航に際しての書類です。

これらは、日本人であることを証明するものであるとともに、祖国を誇りに思う心のより所として、第二次世界大戦勃発《ぼっぱつ》による財産の没収、強制収容所生活の際にも、手元に残しておいたものです。

その後も、家のルーツを示す証《あかし》として、子や孫の代まで大切に受け継がれてきました。

写真は一九一三年（大正二年）発給の杉浦虎吉《すぎうらとらきち》氏（のち天理教ロッキー教会長）のパスポート。A4サイズ二つ折りで、本人の顔写真はなし。裏面に

「眉間《みけん》ニ黒子《ほくろ》アリ　後頭部ニ創傷痕《そうしょうこん》　面長《おもなが》　色白《いろじろ》」

などと身体の特徴の記載があるのみです。

大正初期までのパスポートには写真がなく、身体の特徴を記しているものと、そうでないものがありました。そのため、替え玉事件もしばしば起こったそうです。

それからしばらくして写真が付くようになり、現在の冊子タイプになったのは、昭和に入ってからのことでした。

抑留生活を詳細に記録した日刊紙

●隠し持ったラジオで日本の情報も掲載

一九四一年（昭和十六年）、太平洋戦争の始まりとともに、アメリカでは日系人たちが次々と逮捕されていきました。

護送列車に乗せられ、収容所へ。そこで「ヒアリング（査問《さもん》）」を受け、仮釈放か抑留《よくりゅう》かが決められました。布教師などの宗教家は、日系人を扇動《せんどう》する危険人物と見なされ、全員が戦時中、抑留生活を

ローズバーグ時報

送りました。

収容所での生活は、日本人の自治で行われ、比較的、自由が認められました。その中で、抑留生活を記録にとどめようと、日本人の有志が作ったのが『ローズバーグ時報』『サンタフェ時報』という日刊新聞でした。

内容は日米双方の戦況や政治情勢、趣味、娯楽、各種勉強会の連絡、病人の通知、抑留者の名前など。戦況のニュースは、隠し持っていたラジオで日本の大本営発表の電波をキャッチしたり、アメリカの新聞から得ていました。

また、個人の葬儀記録なども掲載されました。

たとえば、ハワイで布教していた天理教のある布教師の場合、闘病中に同じ天理教布教師から手厚い看護と祈りを受けたこと。亡くなったものの、夫人は別の収容所にいたため、有志が旅費を出し合って夫人を呼んだこと。後日、夫人から礼状が届いたことなどが、紙面を通して読み取れます。

がり版刷りの簡素なものですが、その内容は収容所内の日々の暮らしが分かる一級資料です。

手作りの和楽器にこもる祈りの心

●空き缶の三味線・ベニヤ板の琴

原生林や荒れ地の中、身一つで生活を始めた日系一世にとって、物を作るのはお手のもの。農具や家具をはじめ、自分で家を建てる者もいました。

そんな中、天理教の信者たちが作ったのが、15ページの写真の楽器です。別に風流を楽しんでいたわけではありません。天理教の祭儀「おつとめ」に使うためのもので「鳴物《なりもの》」と呼ばれています。

おつとめでは、笛、ちゃんぽん（小型のシンバル）、拍子木《ひょうしぎ》、太鼓、すりがね、小鼓《こつづみ》、琴《こと》、三味線《しゃみせん》、胡弓《こきゅう》の九種類の和楽器を使います。もちろん、これらの楽器は現地にあるはずもなく、渡航の際の

手荷物の量にも限りがあったため、神具や楽器を持参した者はいませんでした。

やがて、布教師の元に集まる信者の数が増えるにつれ、「鳴物を入れておつとめをしたい」という思いが高まり、信者の中の工作の経験者や手先の器用な人が、自作するようになったのです。

三味線や胡弓の胴は空き缶や木枠に包装紙を張ったものを、弦は釣り糸を使いました。音色《ねいろ》はともかく、ブラジル生まれの子どもたちに扱い方を教えたいと、親たちが作ったものも多いといいます。

交通手段が船から飛行機に変わり、日本との行き来が便利になってからは、本物を日本から持ち込むこともできるようになりました。しかし、これらは貴重品だったため、月に一度の祭典にしか使わず、ふだんは手作りの楽器で練習したということです。

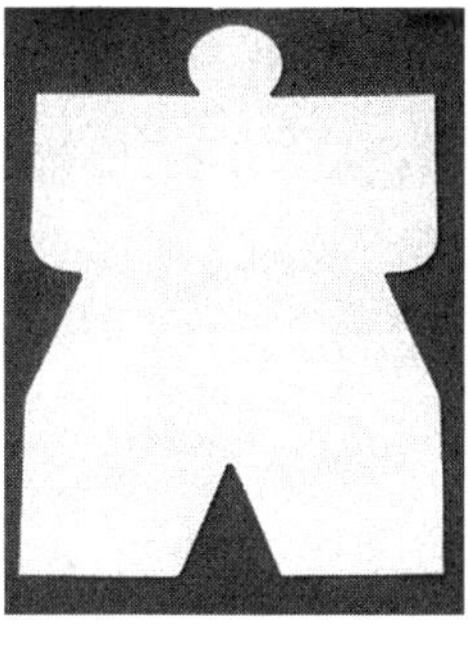

ヒント➡日本の人形のルーツです。

答え➡ひとがた（奈良・春日大社　高さ12.5センチ。次項に解説）

日本の人形のルーツ「ひとがた」

●罪や穢れを移して〝水に流した〟

人形というと、どんな使い道を思い浮かべるでしょうか。

子どものおもちゃ？　それともインテリアの小物？

昔の日本では、ちょっと様子が違いました。たとえば、草木も眠る丑三《うしみ》つ時にワラ人形を五寸《すん》クギで打ちつけて憎い相手を呪《のろ》い殺す

——なんて場面を、テレビや映画で目にしたことがあるでしょう。

日本の人形は、良きにつけ悪《あ》しきにつけ、さまざまな祈りや願いを込めるためのものでした。そしてそのルーツが、この「ひとがた」だといわれています。

ひとがたとは、人の形に切った紙や木の板のこと。息を吹きかけるか、体をなでるかして、自分の罪や穢《けが》れをこれに移し、自分の身代わりとして川や海に流すと、災厄《さいやく》から逃れられると信じられてきました。いまも日本の各地で、ひとがたによる祓《はらい》の儀式が行われています。

参考館二階の日本民俗の展示コーナーでは、ひとがたから現代までの人形の歴史をテーマに、とくに庶民が願いを託した人形を中心に展示しています。

ひとがた→流し雛→飾り雛

流し雛
（鳥取県八頭郡用瀬町・直径22センチ）

●〝使い捨て〟から〝永久保存版〟へ

「ひとがた」による身代わりの風習は、やがて「雛流《ひななが》し」に発展していきました。

旧暦の三月の始めに、ワラで作った俵《たわら》や小舟《こぶね》に紙雛《かみびな》、供え物、桃の花などを乗せ、一家の災厄《さいやく》も一緒に持っていってくれるよう祈って流すのです。

この雛流しの風習と、平安貴族の女の子の人形遊び「ひいな」が結びついて、穢《けが》れを移して流す人形ではなく、身の平安を願って手元に飾っておく人形として生まれたのが、現在の雛人形の始まりだといわれています。

雛人形は次第に豪華さ、優美さが求められるようになり、時代とともに何度もモデルチェンジを繰り返していきました。

立雛（京都・天保12年・高さ　男雛=30センチ／雌雛=19・5センチ）

幼子を身近で守った「天児」と「這子」

江戸時代には毎年、雛の節句《せっく》前になると各地の城下町などには雛人形を売る「雛市《ひないち》」が立ちました。と言っても、私たちがイメージするようなきらびやかな人形を飾れるのは、裕福な上流階級の話。一般庶民は、紙や土で作られた安価な人形を求めて飾りました。しかし紙や土製だからといって、粗末だったわけではありません。人々は工夫を凝らし、郷土色豊かな人形を作り上げていったのでした。

●貴族の子女の身代わり人形

平安時代、水辺に流して禍《わざわい》を払う「ひとがた」が「雛人形」へと発展していく一方で、いつも幼子《おさなご》の身近にあってその身代わりとなる人形が登場します。その名は「天児《あまがつ》」と「這子《ほうこ》」。

天児は竹を十字に組んだ胴体に、綿を白絹で包んだ頭を付けたもの。頭には筆で、髪、目、鼻を描き、口元に朱をさします。禍が訪れても人形のほうにとり憑《つ》いてくれるよう、幼子の枕元《まくらもと》に置きました。七歳ごろまでは新しい着物を下ろすときも、まず天児に着せてから子どもに着せたといいます。

　這子も同じ目的で作られたもので、うつ伏せにすると、ちょうど赤ちゃんがハイハイをしている姿に似ているところから、この名がついたようです。白絹を縫い合わせて中に綿を詰めた縫いぐるみ型のものと、ワラを詰めた張子《はりこ》型の二通りがあります。

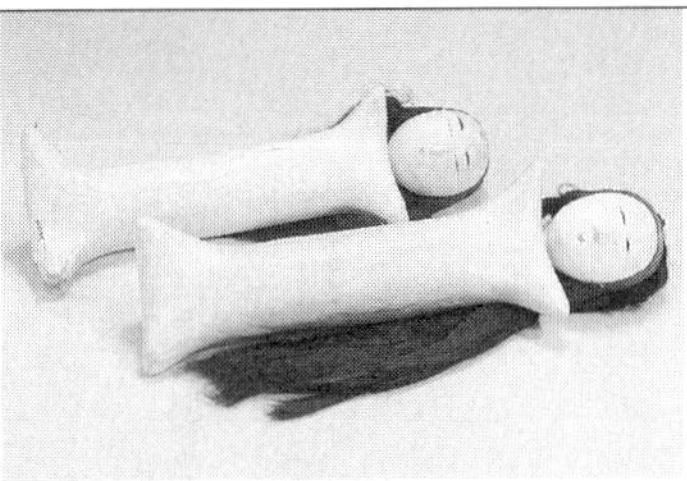

這子
(京都・高さ　上32センチ、下33センチ)

疱瘡の神さんは赤がお好き?

●庶民の子どもの身代わり人形「赤物」

　人が病気になるのは、おもにウイルスのせいだと、いまなら小学生でも知っていますが、江戸時代は疫病神《やくびょうがみ》にとり憑《つ》かれるからだと信じられていました。

なかでも、最も恐れられたのが疱瘡《ほうそう》の神さん。その正体は「猩々《しょうじょう》」という伝説上の獣《けもの》です。オランウータンに似て、全身が真っ赤。大の酒好きで赤い色を好むと信じられていました。

疱瘡（＝天然痘《てんねんとう》）は、いまでは過去の病となりましたが、近代になって種痘《しゅとう》が登場するまで、幼子にとって命取りの病でした。

人々は疱瘡神の気を引くために、赤く塗った人形を子どもに持たせました。疱瘡神がやって来ても、子どもにではなく人形にとり憑いてくれるよう願ったのです。

このように赤く塗られた人形を「赤物」といいます（↓16ページに写真）。

発病した場合には、枕元に祭壇《さいだん》を設け、赤い紙を敷き、その上にこれらの人形をまつりました。そして、赤飯や鯛を供え、疱瘡神に早くお引き取りいただくよう願いました。

一見派手な人形の赤い色には、実はわが子を疱瘡から守りたいという親の願いが込められているのです。

庶民が愛した紙・土人形あれこれ

庶民に愛された紙や土の人形たち。そのいくつかを、背後にある祈りとともにご紹介しましょう。

饅頭食い
（京都伏見・高さ15.4センチ）

●「どちらが甘くておいしい？」

この幼子《おさなご》の人形、両手に何か持っています。実はこれ、二つに割った饅頭《まんじゅう》。なぜこんなものを持っているのか、その訳は……

◇

昔あるところに、一人の利発な男の子がいました。

ある日、父親と母親が息子にこう尋ねました。

「おまえは、お父さんとお母さんのどちらが好きだい？」

息子は手に持っていた饅頭を二つに割って、こう言いました。

「どちらが甘くておいしい？」

このエピソードにちなんで、わが子が賢くなるよう願って買い求められたのが、この「饅頭食い」人形です。

◇

犬張り子
(東京浅草・高さ7センチ)

●江戸っ子が愛した犬張り子

「疳《かん》の虫封じのご利益《りやく》がある」と、江戸っ子たちは親類縁者に赤ちゃんが生まれると、宮参りの時にこの犬張り子を贈りました。

なぜ疳の虫に効くのか、ヒントは背中に背負った竹ザルにあります。

犬が竹を背負う→竹+犬→笑

いつもニコニコ、子どもがむずからないというわけです。

犬張り子はまた、子どものよいおもちゃでもありました。紙でできているからすぐに壊れてしまうのですが、それを見て親は子ども

火防の布袋
（京都伏見・高さ12～30センチ）

の成長ぶりを喜んだということです。

●七つそろうと満願成就！　京都・火防の布袋

「どうか、火事が起こりませんように」
そう願って、近畿の人々が京都の伏見《ふしみ》稲荷《いなり》で求めたのが、この「火防《ひぶせ》の布袋《ほてい》」。台所にあるカマドの神様「荒神《こうじん》さん」の神棚《かみだな》に並べられました。

毎年一つずつ集め、七つそろうと満願成就すると信じられていました。ご利益は火難除《かなんよ》けのほかに、家庭円満、息災延命《そくさいえんめい》など。人形を買い求める日は毎年、初午《はつうま》の日と決まっていました。人形には大小があり、小さいものから求めました。だんだん大きくしていくことで、「身代《しんだい》がだんだん太るよう」祈ったのです。

ただし、途中で家の中に悪いことが起きると最初からやり直し。それまで集めた人形は川に流したり、道の辻《つじ》に置いてきて、また一番小さいものから集め直しました。

便所の神さん
（石川・金沢　高さ6センチ）

●便所の神さん

日本や中国では昔から、便所に神様がいると信じられてきました。その正体はさまざまです。

厠《かわや》がもともと川のほとりに設けられた「川屋」であるということから水の神様であったり、なぜかお産の神様であったり、女神であったり……。あるいは仏教では、トイレは身を清め世の不浄を払う場所という考え方から、その守護をする「烏蒭沙魔明王《うすさまみょうおう》」という守護神がいます。

金沢では新たにトイレを作るとき、その場所に男女一対の土人形を埋めました。なぜ男女の人形なのか、詳細は分かりませんが、その面持ちは優しく、なぜかホッとさせてくれます。

いまは静かにたたずむ淡路・阿波の〝名優〟たち

●江戸・明治の庶民を虜にした「人形浄瑠璃」

「今でも洲本《すもと》から福良《ふくら》へかよう街道のほとりの市村と云《い》う村へ行けば、人形の座が七座ほどある。昔はそこに三十六座もあったくらいで、俗にその村を人形村と呼んでいる。……大袈裟《おおげさ》に云えば一村ことごとく義太夫語《ぎだゆうかた》りか、三味線弾《しゃみせんひ》きか、人形使いか、太夫元かでない者はなく、それらの人々は農繁期《のうはんき》には畑へ出て働き、百姓の仕事が暇になる季節にそれぞれ一座を組織して島の此処彼処《ここかしこ》を打って回る」（谷崎潤一郎『蓼喰《たでく》う虫』から）

「人形浄瑠璃《にんぎょうじょうるり》」とは、三味線の伴奏に合わせて物語を語る「浄瑠璃」と、人形芝居が一つになって生まれた芸能です。いまでは目にする機会は多くありませんが、江戸や明治の時代には、庶民の娯楽として、全国各地で盛んに行われていました。ことに淡路島《あわじしま》と阿波《あわ》（現徳島）では、領主が庶民の娯楽として奨励したので、最盛期には百以上の人形座があり、多くの一座が諸国を巡業しました。

やがて、浪曲《ろうきょく》、新派劇、活動写真など新しい娯楽が現れたことで、明治の中ごろから次第に廃《すた》れていくのですが、それでもまだまだこの地では盛んでした。冒頭の小説は、昭和三年（一九二八年）から四年にかけて新聞連載されたものです。

しかし、時代の流れには逆らえず、人形座はどんどん解散していき、人形は売り払われました。天理参考館の人形たちも、似たような過去を経てここにたどり着いたのでしょう（↓15ページに写真）。

現在、人形浄瑠璃は、大阪の国立文楽劇場を拠点としている「文《ぶん》楽《らく》」がその代表として、根強いファンに支えられて上演を続けています。また、淡路・阿波をはじめとする各地でも、保存会などが伝統の継承に力を注いでいます。

鋭い切れ長の目にツルツル卵肌

淡路・阿波の人形は、どれも目鼻立ちがはっきりしていてツルツルテカテカの卵肌《たまごはだ》。これに対して大阪の文楽の人形は、顔立ちはいくぶん穏やかで肌はつや消しに仕上げられています。これは、演じられる場所の違いから来ています。

豪傑「大丸目《おおまるめ》」
（初代天狗久作・面長15.1センチ）

淡路の人形浄瑠璃《にんぎょうじょうるり》は、農閑期《のうかんき》に各地を巡業して行われました。大きな町では常設の小屋を借りることもありますが、野天に丸太を組んで、ムシロで囲った仮設の小屋で上演するのが普通でした。

阿波ではもっぱら、村祭りで奉納《ほうのう》するために、神社などに設けられている舞台で演じられました。

どちらも野外で大勢の人を相手にするので、遠くからでも表情が分かりやすいように、はっきりした目鼻立ちにし、肌に塗った胡粉《ごふん》（貝殻《かいがら》の粉）を磨いて艶《つや》やかにしたのです。

一方の文楽は、常設の劇場で、専用の照明のもとに行われます。限られた空間なので表情をさほど誇張する必要もなく、肌もツルツルだと光が乱反射してしまうので、つや消しに仕上げられたというわけです。

ところで、参考館の人形のうち数点は、実は参考館に収められる前に、文楽の人形師によって修理が施されました。そのため、表情も文楽風になっています。

さて、どの人形がもともとの淡路・阿波のものなのか、文楽風のものなのか、あなたも探してみてください。

全国の〝貧乏徳利〟勢ぞろい！

●徳利をはさんで行き交った庶民の心

六俵三樽《ろっぴょうさんとう》――これは江戸時代、お金持ちを表すのに使われた言葉です。六俵の六とは、五穀《ごこく》（米、麦、粟《あわ》、豆、黍《きび》）と木炭の六品。三樽の三とは、酒、醤油《しょうゆ》、味噌《みそ》の三品。これらの品を、俵や樽の単

位で買うことのできる人が、すなわちお金持ちということです。

実際、庶民にはこんな芸当はできっこありません。米は升《ます》で計り売り。酒は徳利《とっくり》で買いました。

酒屋は屋号の入った「通い徳利」を持っていて、それをお客に貸していました。酒の欲しいときは、その徳利を店に持っていくと、主人はそれに酒を入れ、客が持参した「通い帳」に日付と酒量を書き込みました。当時は、ツケで物を買うのが当たり前だったのです。通い徳利は、通称「貧乏徳利」と呼ばれていました。

支払いはたいてい盆と暮れ。主人が各家を掛け取り（請求）して回りました。ツケで買ったとはいうものの、支払いに頭を悩ます人も多かったのでしょう。落語には、掛け取りに来た店主をなんとか言いくるめて、支払いを延ばしてもらおうとする話が、生き生きと描かれています。

それにしても、店はよく半年も支払いを待ったものです。よほどの信頼関係がないと、成り立たない商いですね。

ひるがえって現在、買い物は現金払いが当たり前。スーパーマーケットなどでの日常の買い物に、人間同士の信頼など必要ありません。わずらわしくなくていいとはいうものの、それと引き換えになくしてしまったものもあるかもしれません。

天理参考館には、全国の通い徳利およそ八百点が収蔵され、その一部が展示されています。ぜひ一度、その前に立って、通い徳利を通して交わされた人々の温かい心に、思いを馳《は》せてみてはいかがでしょう。

東海道の難所「大井川」に本当は橋を架けられた?

●江戸を守るための自然の要害

箱根八里は馬でも越すが　越すに越されぬ大井川《おおいがわ》

江戸時代、馬子《まご》歌にこう歌われた大井川は、東海道を行き来する旅人にとって難所の一つでした。川幅が一キロ余りもあるうえに、

大雨のたびに氾濫《はんらん》して川筋が変わることがあるので、橋を架けたり、舟で渡ることができないとされていたからです。

しかし、実際には橋を架けられなかったのではなく、政治的・経済的な理由などでできなかったという話もあります。たとえば、こんなエピソードが残っています。徳川三代将軍家光《いえみつ》が上洛する折に、駿河大納言忠長《するがだいなごんただなが》は大井川に舟を利用した浮き橋を架けて便を図りました。ところが家光は、「橋がないので要害《ようがい》となっているのに、浮き橋を架けるなどもってのほか。早々に取り払え」と言い渡し、忠長の面目は丸つぶれになったといいます。

それはさておき、川を渡る唯一の方法は、川越《かわごし》人足によるものでした（↓16ページに写真）。川越しの場所は、島田宿と金谷宿の間と決められ、旅人は必ずここで川越賃を払って、川を渡らねばなりませんでした。

川越しの方法には「肩車《かたくま》渡し」「蓮台《れんだい》渡し」などの方法があり、川越賃はその時の水深によって細かく定められ、水深が五尺《しゃく》（約一五〇センチメートル）を越えると「川留め」となって一切の通行が禁じられ、長いときは一カ月も通行できないことがありました。

肩車渡しは文字通り、人足に肩車《かたぐるま》をしてもらって渡るもので、川越賃が安く、庶民の大部分はこの方法で渡りました。

蓮台とは、長さ二メートルほどの二本の棒に板を打ち付けたり、はしご状にしたもの。口絵の錦絵《にしきえ》の女性たちが乗っているのがそうです。

お相撲《すもう》さんは重くて担げませんから、川越人足を雇わず、裸になって土俵入りのようにして渡ったといいます。

しかし、そのような風景も、明治維新とともに過去のものになっていきました。川越制度は廃止され、明治三年（一八七〇年）には舟の運行が解禁に、九年には橋が架けられ、その上を人や人力車が行き交うようになりました。

日本有数の交通資料群

交通資料とは、文字通り交通にまつわる資料のこと。江戸時代の道中往来手形《どうちゅうおうらいてがた》、国鉄開業当初の切符《きっぷ》、時刻表、鉄道錦絵《にしきえ》、駅弁のラベルというような紙の資料から、蒸《じょう》気《き》機関車のプレート、乗務員の制服、駕籠《かご》、人力車まで、さまざまなものがあります。

参考館に交通資料が収蔵されるようになったのは、昭和三十二年（一九五七年）、日本でも有数の「山本コレクション」を譲り受けたのが始まりです。

コレクションの持ち主、山本不二男《やまもとふじお》氏は「キップのヤマモト」として、その名を海外にも知られた収集家でした。十五歳のころから集めに集めた資料の数は、戦災で半数余りを焼失したにもかかわらず、二十万点に及びました。国内の資料はもとより海外の資料も、ペンフレンドや外国へ赴《おもむ》く知人などを介して数多く集めました。

やがて、全国の大学、図書館、博物館などから資料に関する問い合わせが相次ぎ、国鉄（現ＪＲ）や各私鉄などから社史や記念誌を出版する際には、指導・協力するようになりました。

また国鉄などは、山本氏の知識に一目置いていたようで、当初二つ折りだった定期券が、山本氏の進言により、海外のものにならって一枚ものになったというエピソードも残っています。

参考館に山本コレクションが収蔵されたきっかけは、山本氏が資料の保存に苦慮していることを、中山正善《なかやましょうぜん》・天理教二代真柱《しんばしら》が耳にしたことから。昭和三十二年、コレクションは参考館に移され、以後、山本氏は参考館の嘱託《しょくたく》職員として資料の収集・整理に当たりました。

現在では、学芸員によって整理が続けられています。

人力車は明治の高級スポーツカー？

●速さと安さで駕籠を凌駕！

奈良や京都など、観光都市でいまも活躍する人力車。ふだんとは違う目の高さから、古い街並みをのんびり眺められるのが人気の秘密のようです。しかし、明治の人々にとっては、常識を超えるスピードで疾駆《しっく》する衝撃的な乗り物でした。

人力車が登場したのは、明治三年（一八七〇年）のこと。東京の和泉要助《いずみようすけ》らが、荷物の運搬に使われていた大八車《だいはちぐるま》や西洋馬車をヒントに作ったといわれています。

それまでの庶民の乗り物といえば駕籠《かご》でした。前と後ろを二人で担いで、エッサ、ホイサと駕籠が行くのを尻目《しりめ》に、車夫《しゃふ》が一人にもかかわらず、アッという間に往来を走り去ってしまう人力車の姿は、人々の目に、現代の高級スポーツカーさながらに映ったことでしょう。

また、一泊しなければ行けなかった所へも、その日のうちに行けるようになり、経済的だと大好評。人力車はアッという間に普及していきました。ピークは明治二十九年で、全国で約二十九万台にも上りました。

駕籠はそのあおりを食って、明治の初めは東京で一万台ほどあったのが、三年後には三分の一に激減。駕籠担《か》き人足たちは、人力車の車夫へと転身していきました。

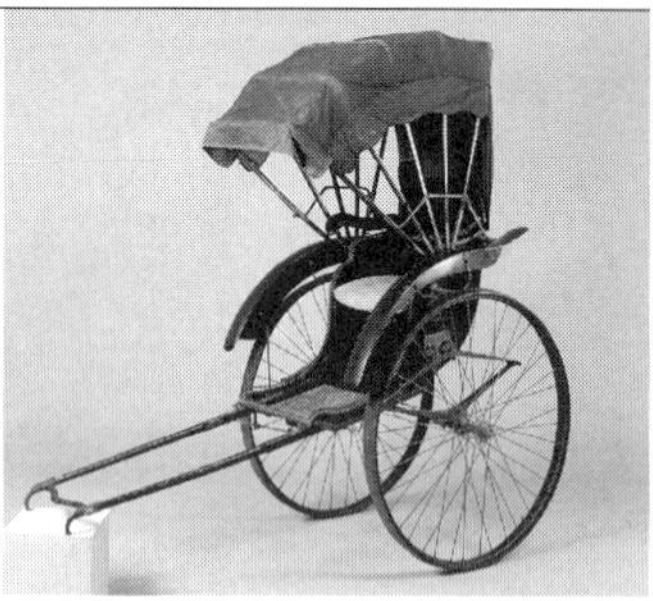

人力車（梶棒の先から車輪の後ろまでの長さ211センチ、幅90センチ・明治時代後期）

写真の人力車は、中山眞之亮《なかやましんのすけ》・天理教初代真柱《しんばしら》が明治の末ごろから乗用していたものです。大阪・金谷製で、車輪には金属製のスポークと空気入り太ゴムタイヤが使われており、当時の最新式だったと思われます。

このころ人力車は、アジア各地をはじめ、アフリカ、オーストラリア、ヨーロッパ、アメリカなどへも、たくさん輸出されました。

大正時代の中ごろになると、鉄道、自動車、自転車などの普及によって、人力車は徐々に生活の中から姿を消していきました。しかし、インドやバングラデシュでは、かつて日本から輸入されたものが形を変え、いまも「リキシャ」の愛称で庶民の足として活躍しているということです。

鉄道開業当初の切符とおもしろエピソード

●最初の列車はトイレがなかった

次ページの写真の切符は、日本の鉄道創業当初のものです。明治五年（一八七二年）から九年まで使われていました。

当時、日本では切符を作ることができませんでした。そこで、開業に当たって全面的な指導と援助を受けていたイギリスから、用紙、印刷機、日付印刷器、それに改札のハサミまで輸入し、イギリスのトーマス・エドモンソン発明の切符にならって作製されました。

表面には、行き先と等級が日本語と英語で、裏面には「鉄道規則により発行している」ことが、英語、フランス語、ドイツ語で記されています。この時代に外国語表示とは進んでいるように見えますが、実際にはスリランカの切符をそのまま、まねたのだろうともいわれています。

日本には、それまで切符というものはありませんでした。人々が連想したのは、旅をするときに持ち歩いた「通行手形」だったのでしょう。切符は当初、「手形」「切手」「乗車切手」「乗車札」などと呼ばれていました。

切符の購入に当たっては、発車時刻の十五分前までに駅へ行き、手続きをすることになっていました。当時の鉄道職員は明治維新で失業した元武士がほとんどでした。ですから、

「手形を頂きたいのですが」

「どこまで参るか」

「へい、鶴見まで下等で」

「釣り銭のないようにいたせ」

「へい」

などというふうに、売るほうが威張っていました。お金の管理で駅に出向していた為替《かわせ》座《ざ》（銀行）の店員も、便乗して〝官員風《かんいんかぜ》〟を吹かせていたといいます。

日本の鉄道創業当初の切符→
鉄道規則には客車の等級は上等、中等、下等とあるが切符の表記は一等、二等、三等。英語の First、Second、Third を直訳したものと思われる

乗車に際しても、庶民には戸惑いの連続でした。客車に土足で上がってはいけないと思い、履《は》き物を脱いで懐《ふところ》に仕舞い込んだり、あるいは、汽車が出発したあとのホームに、ゲタがきちんとそろえて脱いであった、なんてこともあったといいます。

また、当時の客車にはトイレがありませんでした。新橋と横浜の間は乗車時間五十三分でしたから、乗る前に用を足しておけばいいというわけです。しかし、人間の体は思うようにはいきません。我慢できずに、走る列車の窓から用を足して、罰金を取られる者もいました。

その後、東海道線がほぼ全通しても、相変わらずトイレはなく、乗客は停車駅のトイレで用を足していました。ところがある時、駅のトイレで用を足していた政府のお役人が、発車しかけた列車に飛び乗ろうとして転落死。それからしばらくして、客車にトイレが設けられるようになったということです。

参考館ミニ図鑑
世界の考古美術編
ANTIQUITIES

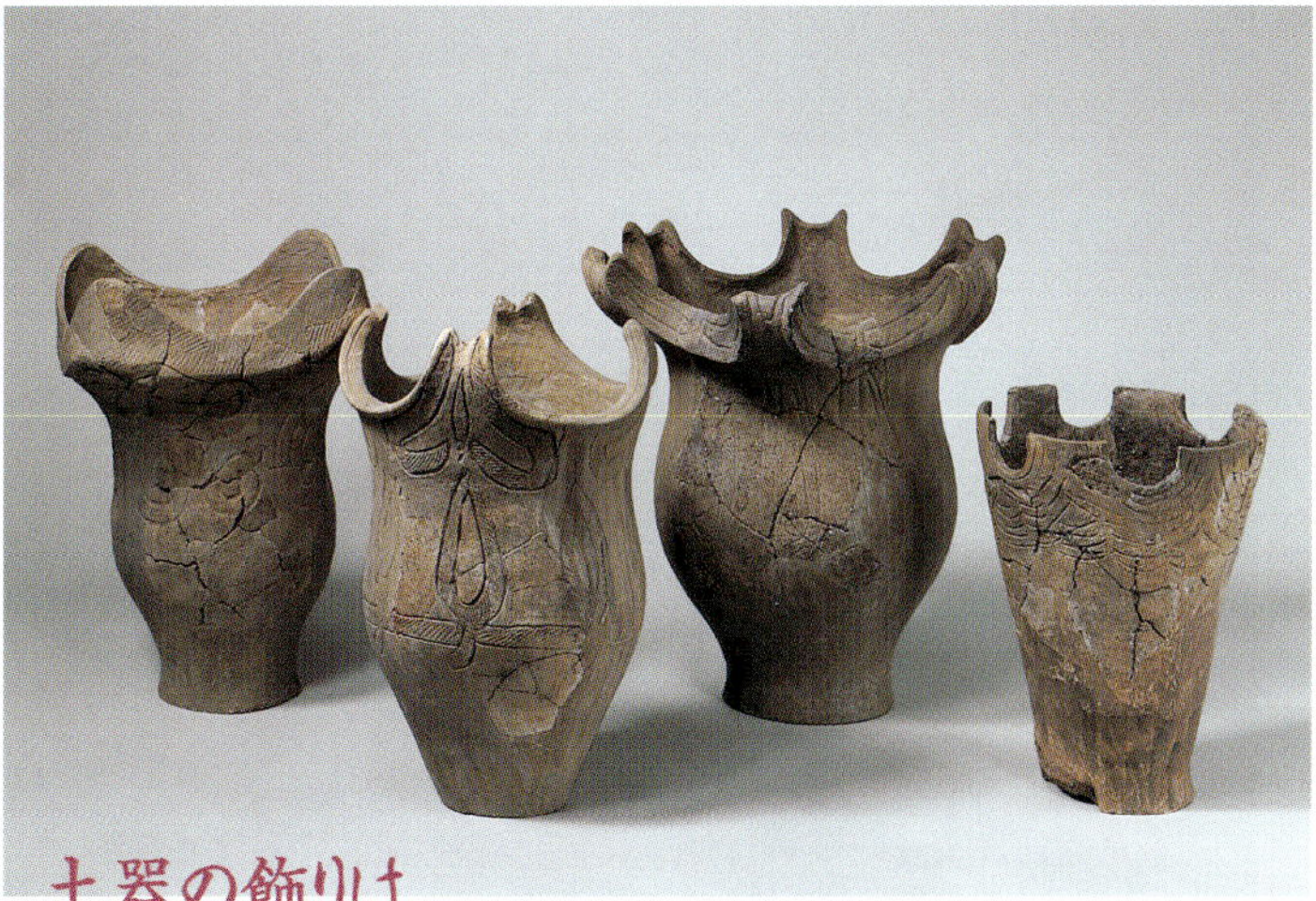

土器の飾りは
神の象徴!?

「縄文土器」 日本・布留遺跡 →146ページ

明日は雨が降りますか、
どうですか？

「甲骨文字」 中国 殷 →150ページ

殷の王が恐れた
超神の素顔

「饕餮文卣《とうてつもんゆう》」
中国　殷
高さ29.1センチ
→152ページ

死後の世界の
身分の証

「玉援青銅曲内戈《ぎょくえんせいどうきょくないか》」
中国　殷　長さ36センチ
→157ページ

「灰陶猪圏《かいとうちょけん》」
中国　漢　高さ25センチ
→161ページ

トイレとブタの
深い関係とは？

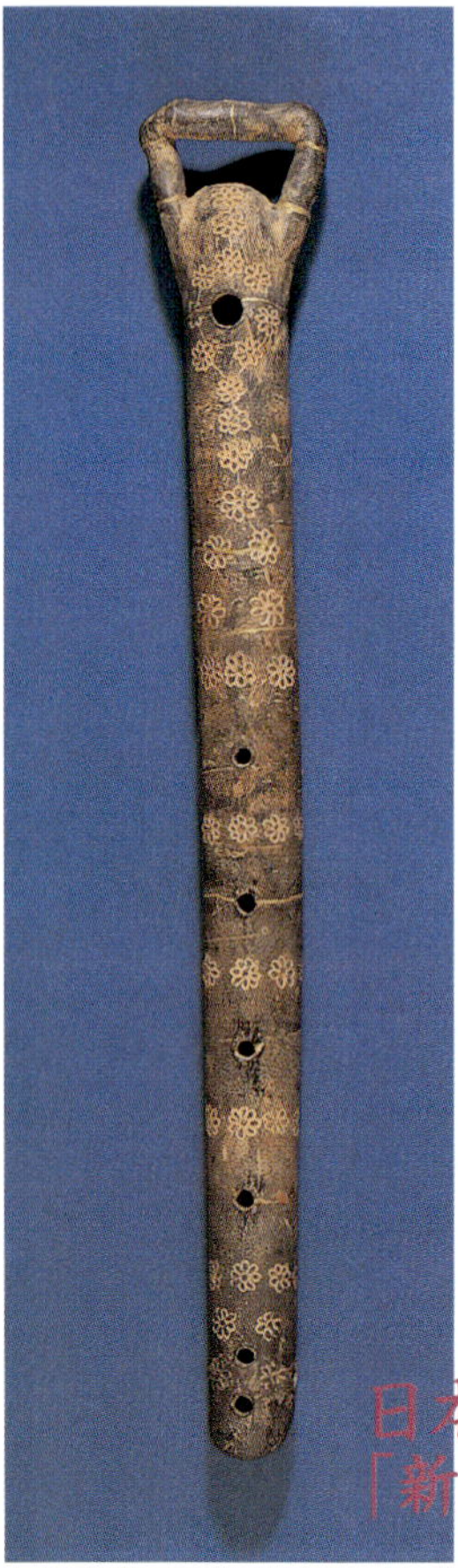

地下に眠る武将たち

「加彩武官《かさいぶかん》」
中国　盛唐　高さ15.6センチ
→163ページ

日本の雅楽のルーツの一つ「新羅」のナゾの横笛

「陶製横笛」
朝鮮半島・慶州　統一新羅時代
長さ39.8センチ
→167ページ

人間が生み出した“宝石”の輝き

「ミルフィオリ杯」
東地中海地域
前１～後１世紀
高さ4.5センチ
→173ページ

異民族同士の契約結んだ〝固めの杯〟

「獣頭飾リュトン」
イラン　前８～７世紀ごろ
高さ32.5センチ
→171ページ

神への信仰の証に賢王が捧げた自らの像

「閃緑石《せんりょくせき》グデア像」
イラク・テロ　前2200年ごろ
高さ25.1センチ
→169ページ

千数百年の時を超えて日本で出合った兄弟鏡

「海獣葡萄鏡《かいじゅうぶどうきょう》」
日本・天理杣之内火葬墓
中国唐代　直径12.1センチ
→184ページ

豪族・物部《もののべ》氏の武器庫の証？

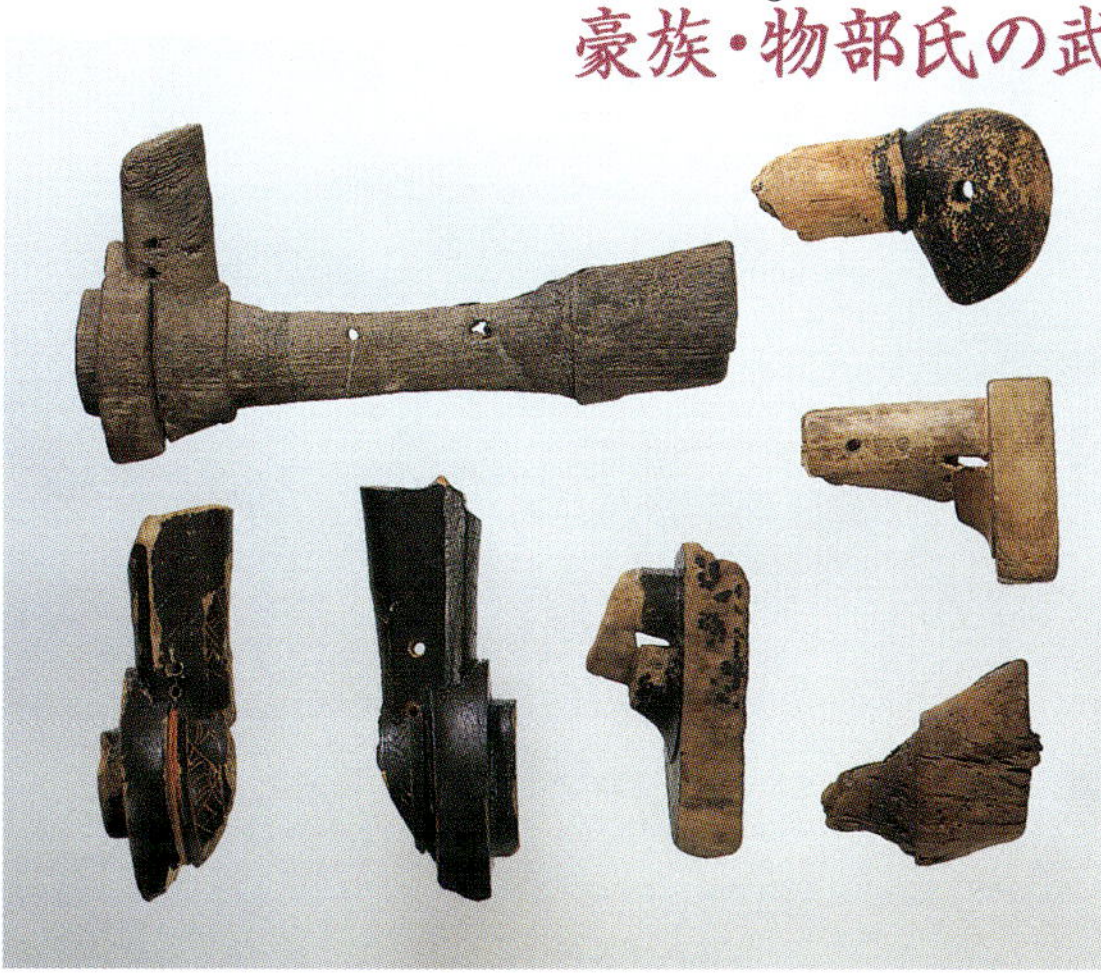

「木製刀剣把《つか》装具」
日本・布留遺跡
古墳時代
左上のもので
長さ14.2センチ
→197ページ

埴輪《はにわ》成立の
ナゾに迫る発見！

「三角形透飾円筒埴輪」
日本・布留遺跡
5世紀
高さ61.6センチ
→180ページ

考古美術資料の世界

縄文土器にグロテスクな地紋があるのはなぜ？

●神様の象徴だった

いまからおよそ一万年ほど前に、日本は新石器時代に入りました。いわゆる縄文《じょうもん》時代です。まだ稲作が始まる以前のことですから、人々は野山を駆け巡り、おそらく栗《くり》や椎《しい》くらいは栽培して、食物を調達していたころです。

この時代の壺《つぼ》（↓137ページ）は、煮炊きや保存に使われたのでしょうが、そのなだらかなカーブと、複雑で繊細な模様で飾られている造形美は、なんと素晴らしいことでしょう。現代の陶芸作家の作品に勝るとも劣らない出来栄えだとは思いませんか。

どうして彼らは、こんなに手の込んだ陶器を作ったのでしょう。美術品を見て楽しむ習慣があったとも、できるだけ高く売るために一生懸命に手をかけたとも、到底考えられませんね。

このころはまだロクロも回転台もありませんから、粘土の紐《ひも》を作って下から巻き上げたり、粘土の輪を順に重ねていって原型を作り、器の内側と外側からたたいて粘土を固めていきました。そのときに、表面のたたき板に藁《わら》や縄《なわ》を巻いてたたくと、壷の表面には藁や縄の模様がつきました。さらに縄を転がすと、縄の文様がつきます。これが縄文です。

縄文土器は、縄の地模様だけではありません。粘土紐を使って少し隆起した幾何学《きかがく》的な模様をつくったり、時には動物や人面を描いたりもしました。「縄文は爆発だ」と言ったのは、芸術家の岡本太郎氏です。それほど躍動的で精気に満ちた作品もあります。

では、どうして本来の用途には不必要な、いや邪魔にさえなるような複雑で手の込んだ模様で飾るのでしょうか。自然に生き、自然の摂理によって生活が左右される石器時代では、暮らしのすべてが神の意思・神の恵み・神の怒りのうえに成り立っていました。人々は神の加護を願い、神に祈りをささげることが、安定した生活への道でもありました。暮らしの基本である食べ物に関しても例外ではありません。土器の表面を飾る幾何学模様も、動物や人面も、みな神様の象徴であり、時には神そのものでもありました。

そう思って縄文土器を見直すと、グロテスクな地模様からさえも、何やら神秘的で神々《こうごう》しい雰囲気が伝わってくるようです。

神様を閉じ込めた壺!?

「弥生土器」（唐古遺跡）

●稲種守る農耕の神様

三千年ほど前に、日本は稲作文化の時代に入りました。農業が始まったのです。一粒の稲種《いなだね》が半年足らずの間に数百倍にも増えるのですから、これはもう神様の力が働いていると考えずにはおれないものでした。農耕の神様は、縄文時代のように幾何学文《きかがくもん》でも動物や人面でもありません。ふだんは山に眠り、稲作が始まると稲の中にこもって生育させる「稲魂《いなだま》」とも「穀霊《こくれい》」ともいわれます。

したがって、この時代になると、もはや土器には複雑な文様はまったく見られなくなりました。機能的で流れるような曲線にかたどられた、明るさに満ちた弥生《やよい》土器といわれるものが作られました。
その中の一つで、変わったものをお目にかけましょう。前ページの写真は、少し口がつぼんだ小型土器の一つです。特徴は、口の両側に二つずつ孔《あな》が開いていることです。また、おそらくこの壷のふたと思われるものもあり、それにも二つずつの小孔があるのです。壷の孔とふたの孔が対応していますから、これはふたをしたら紐《ひも》でくくりつけるのでしょう。どうして、そこまでしなければならないのでしょう。よほど大切なものを入れたのでしょうね。
ところで、収穫後に大切なことは、稲種を来年まで残すことです。もし、これがなくなりでもしたら、来年の稲作はできません。一年間の主食を失うのです。これもまた、神様の力によって大切に守られる必要があったのです。おそらく、ある種の穀霊は、この壷の中に入って、稲種を守ってくれたのでしょう。この壷に入る神様は、さぞ窮屈《きゅうくつ》だったことでしょうね。

穀物の種を残す重要さは、日本だけの問題ではありません。中国の「万年壺《まんねんつぼ》」も、アフリカの種袋が中央の柱にぶら下げられて保存されるのも、みな同じ穀霊に祈願することから出ているのだろうと考えられています。

中国古代の王様がとっても残忍だったわけ

●政治のすべてを占いで行っていた

日本の縄文《じょうもん》時代、お隣の中国では、すでに殷《いん》という立派な国がありました。この遺跡から、文字が刻まれたカメの腹側の甲羅《こうら》やウシの肩甲骨《けんこうこつ》がたくさん見つかっています。いずれも殷の王様が占いに使ったもの。参考館には「甲骨《こうこつ》」と呼ばれるこれらの骨がたくさん収蔵されています（↓137ページに写真）。

殷の王様は占いがお好き？　というよりは、政《まつりごと》のすべてを占い

で決めていました。

　占いの方法は、たとえば「明日は雨が降りますか」と神様に用件を告げ、そのあと骨を火にくべて、ひび割れのでき方でイエスかノーかを判定するというもの。

「災いがあるかないか」「狩りをしてもいいかどうか」「戦《いくさ》に出てもいいかどうか」など、王様が行動を起こすたびに、いちいち天の意思を仰いでいます。

　なかでも目を引くのが、

「祭りのために、奴隷《どれい》十人とヒツジ三頭を生《い》けにえにしようと思いますが、これでいいですか」

という内容のもの。これがしょっちゅう出てくるのです。

　殷の王様は血を見るのが好きな、残忍な暴君《ぼうくん》だったのでしょうか。いいえ、実は神様の意思をうかがってから行動していたのです。

　殷の王様は天命によって決まり、天命に従って政治を行わねばならないと強く信じられていました。王様にしてみれば、神様から見放されることは国全体の死を意味します。そのため神様の機嫌を損ねないよう、たくさんの生けにえをささげたということです。

殷の王様の占いは、王様にとっても奴隷にとっても、命がけの占いだったのです。

殷の王様が恐れた神の正体とは？

●あらゆる能力を持ったスーパー怪獣

殷《いん》の王様の権力のすさまじさは、墓の発掘が進むにつれ、明らかになっていきました。なんと王様の遺体とともに、后《きさき》をはじめ、そばで仕えた人々や千人以上の軍人たちが器物をささげ、武器を持ち、馬をひき、車を御《ぎょ》したまま地下深くに眠っていたのです。

これほどの権力を持つ王様が恐れた神様とは、いったいどんな神様だったのでしょうか。そのカギは、この時代に作られた青銅器にあります。

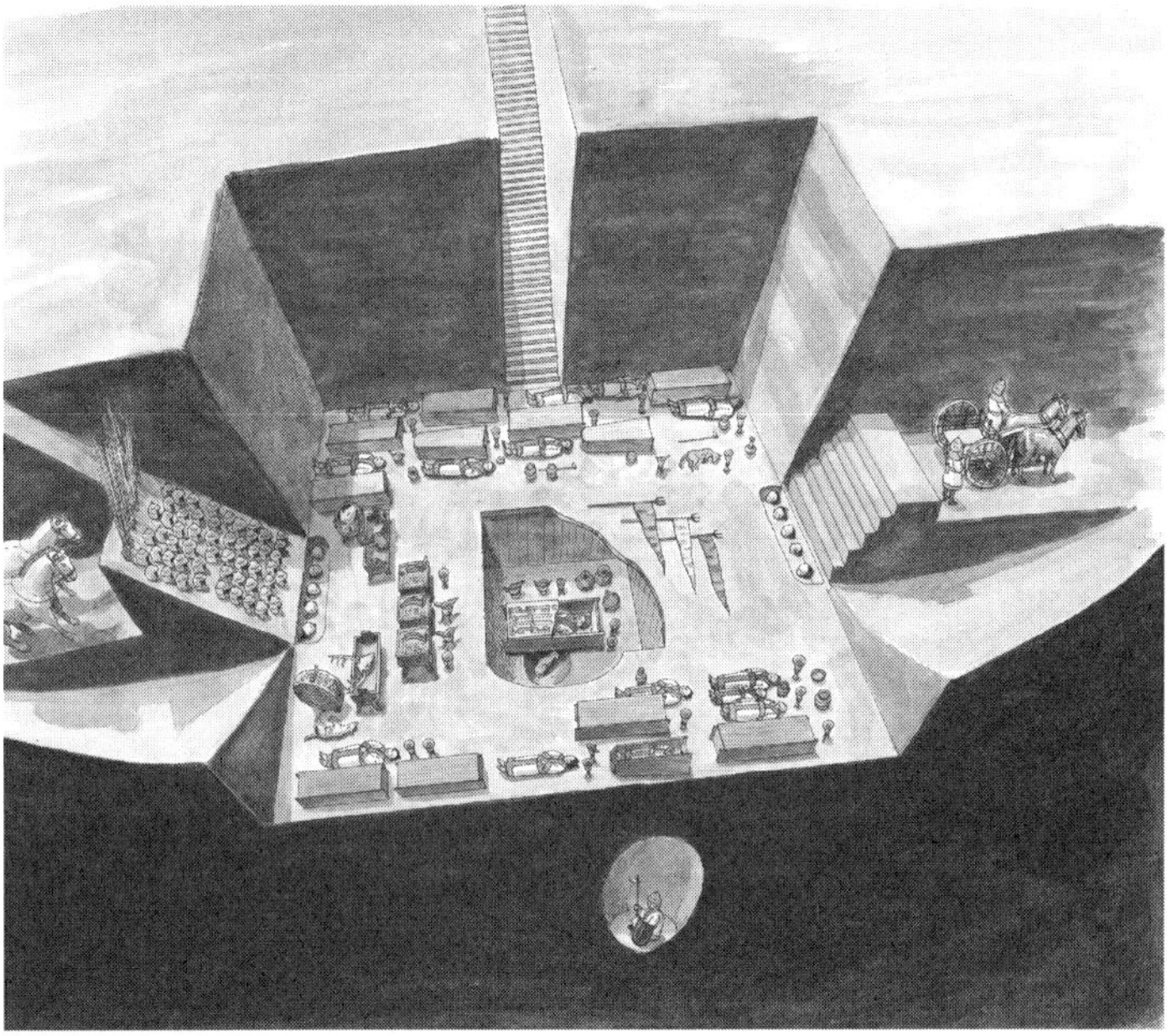

殷の王の墓の想像図
中央が王の墓室。周辺には家来をはじめ、さまざまな文物が埋められた
(参考＝角川書店『図説　世界文化史大系15 中国Ⅰ』昭和33年発行)

王様は占いに先立って、神様を招き入れるために盛大な祭りを行いました。その際、供え物の容器として青銅の食器が使われました。その表面に、ある怪獣が魔よけの文様として描かれています。その名は『トウテツ（饕餮《とうてつ》）』。大きな目、鋭い牙《きば》、二本の角、とがった爪《つめ》、ヘビのような体、そして翼《つばさ》を持っています。実はこの怪獣が殷の神々の王だったと考えられているのです（↓138ページに写真）。

古代中国の人々は、人間にはない動物たちの特殊な能力に神秘を感じました。なんでもかみ砕くトラの牙、夜でも自由に見えるオオカミの目、ウシやヒツジの硬い角、ワシやタカの鋭い爪、針一つ落ちた音も聞き分けるネコの耳、そして鋭い嗅覚。

なかでも鳥とヘビは別格でした。空を自由に飛び、どこからともなくやって来ては去っていく鳥は、神の使いと考えられました。また、自分の何十倍も大きな動物をたったひと噛《か》みで倒してしまう毒ヘビは、その姿の不気味さも手伝って信仰の対象となりました。それからのちに、『鳳凰《ほうおう》』や『龍』が形作られていったのです。

トウテツは、これらすべての要素を持つものとして描かれています。あらゆる動物の神秘的な力を併せ持つものこそが神であると、人々は考えたのです。鳳凰も龍も同様です。

占いが終わると、青銅器に盛られた供え物は下げられ、神と人の労をねぎらう盛大な宴会が始まりました。厳かな儀式のあとには宴《うたげ》で心を和ませる。このあたりの人の心は、いまも昔も変わらないようです。

殷の神様もかなわぬ恐怖の「ブロンズ病」

青銅器を持つ博物館にとっての最大の恐怖、それが「ブロンズ病」です。表面に白いカビのようなものが出てきたら感染している証拠。伝染性で、この〝病気〟の前には殷《いん》の神様の威光も効果はありません。

昔、京都大学の考古学教室が持っていた青銅の短剣が、この病気に侵されました。何年かして取り出してみると、短剣は白い粉の山に変わっていたということです。

近江昌司《おうみしょうじ》副館長がブロンズ病を知ったの

は四十年前、まだ駆け出しの学芸員だったころのこと。考古学界の重鎮、京都大学の梅原末治《うめはらすえじ》教授が定年後、参考館の考古美術部長に就任したときのことでした。

梅原氏は早速、参考館の資料の中にブロンズ病にかかった物を見つけ出しました。

「近江、千枚通しを持ってきなさい」

言われた通り千枚通しを手渡すと、梅原氏は資料の白くなった部分をギューッと削りだしました。少々荒っぽいやり方ですが、当時は資料を守るのに、侵された部分を削り取るしかなかったのです。

この病を防ぐには方法はただ一つ。資料の保存状態をよくしておくこと。ことに湿気と空気の急激な変化が大敵です。そのため青銅器の展示は、長い間同じ物を出品しないよう注意が払われています。

というわけで、来館してお目当ての青銅器が見当たらないことがあっても、ご勘弁くださいますように。

実際に使えないものを造って墓に埋めたわけ

●あの世で力を示すための副葬品

青銅器は、銅と錫《すず》などの合金です。世界のどの地方も、青銅器時代には、青銅を材料にした器物を造りました。その代表が容器と武器です。その中で最も発達した青銅器は中国の殷《いん》の時代の作品でした。とりわけ矛《ほこ》や短い刀などです。しかし、よく見ると、ずいぶん薄っぺらで粗末なものばかり。これで鉄のヨロイを突いたら、こちらのほうが曲がってしまいます。

ではなぜ、こんなものを造ったのでしょうか。その訳は、昔の中国の人たちが、人間は死後、あの世で豊かな楽しい暮らしができると信じていたことにあります。人の暮らしには、さまざまな道具が必要です。そこで死者があの世で使うようにと、この世で使っていた道具類を墓に埋める習慣が生まれました。

しかし、人が死ぬたびに、まだまだ使えるものを埋めるのはもったいない話です。そこで、実物に代わって模造品を埋めるようになったのです。この青銅製の武器も、その一つです。

このような模造品の副葬品は「明器《めいき》」あるいは「仮器《かき》」、実物の副葬品は「実器《じっき》」と呼ばれています。

時代が下るにしたがって、王族や貴族が使う明器はどんどん豪華になっていきました。あの世でも権威を誇示するためには、明器もそれぞれの身分にふさわしいものでなければならないと考えたのでしょう。

天理参考館の鳶口《とびくち》式の武器（↓139ページに写真）もその一つ。刃《は》の部分は貴い石とされた「玉《ぎょく》」で作られ、柄《え》の部分にはトルコ石がちりばめられています。これらの明器はいわば、水戸黄門のあの印籠《いんろう》のようなものだったのでした。

二千年前の中国に五階建てのビルがあった？

灰陶彩畫楼閣《かいとうさいがろうかく》
（漢　高さ113センチ）

●侵入者と逃亡者を見張るための物見やぐら

二千年前の中国に五階建ての建物があった！　と言っても、高層ビル街があったわけではありません。広い豪族の居館《きょかん》の中に、上の写真のような建物がポツンと立っていたのです。

実はこれ、「物見やぐら」。前漢《ぜんかん》の時代の墳墓《ふんぼ》に副葬されていた明器《めいき》、つまり模造品です。

この時代、地方の豪族たちは勢力を伸ばし、自分の土地を持つようになりました。いわゆる大土地私有制度の始まりです。そして農民に農作物を作らせ、年貢《ねんぐ》を取り立てて暮らしていました。

しかし大地主にとって、問題は、自分の領地への侵入者と、広大な田畑を耕作する農民たちが、ほかの地方へ逃亡することでした。そこで、物見やぐらを造って、常に監視しなければならなかったのです。

物見やぐらは高ければ高いほど、役に立つもの。高い建物を造るにはまず、しっかりした広い土台を築かねばなりません。そこで、彼らは広く大きな一階部分を倉庫にしました。倉庫は外敵や災害から収納物を守るために頑丈《がんじょう》に造られます。それに取り立てた年貢を保管するのにもってこいですから、一石二鳥《いっせきにちょう》というわけです。このような建物は「倉楼《そうろう》」と呼ばれています。

◇

やがてこうした高層建築は、その豪華な美観が人の目を楽しませることもあって、築地塀《ついじべい》に囲まれた館の中に掘られた庭池の中に建てられ、力の誇示と鑑賞の対象とされるようになったのです。

その後、インドから仏教が伝わると、仏塔造りにその技術が生かされます。さらに仏教とともに日本にも伝わり、五重塔《ごじゅうのとう》などの建築に生かされたといわれています。

ブタトイレを知らずして中国史は語れない？

●三千年前からあった合理的な飼育法

中国の漢の時代の副葬品に『灰陶猪圏《かいとうちょけん》』という陶器があります（↓139ページに写真）。

「灰陶」とは陶器の種類、「猪」は『西遊記』に登場する「猪八戒《ちょはっかい》」がブタのお化けであることから分かるようにブタの意味、「圏」は仕切りのこと。直訳すると、「ブタ小屋の陶器」となります。

このブタ小屋、なぜか土塀の囲いの隅に高床《たかゆか》の小屋があり、床に小さな穴が開いています。実はこれ、人間のトイレなのです。囲いの外から階段で上れるようになっていて、ここで用を足すと排泄物《はいせつぶつ》は下に落ち、それをブタが食べる仕組み。

中国古来のブタの飼育法で、つい最近まで中国東北部で行われていたといいます。

中国古代史を語る場合、このことを知らないと想像のつかない場面があります。たとえば……

漢《かん》王朝を築いた初代皇帝・高祖《こうそ》劉邦《りゅうほう》には、正妻・呂后《りょこう》のほかに数人の夫人がいました。なかでも戚《せき》夫人はとくに可愛《かわい》がられました。劉邦が病気で死ぬと呂后は、戚夫人の手足を切断し、眼球をえぐり、薬で声と聴力を奪って、厠《かわや》に投げ込み、〝人ブタ〟と呼ばせたということです。

この厠というのが、実は「猪圏」だったということを知っていれば、「人ブタ」の言葉がすぐに理解されるでしょう。

◇

どんなものでも食べて育つブタは、中国人にとって貴重なタンパク源でした。このほかにも、さまざまなタイプの猪圏の陶器が見つかっています。

中国の王墓に土人形がたくさん埋まっているわけ

●生身の人間の代わりとして作られた

一九七四年（昭和四十九年）、世紀の大発見といわれた兵馬俑《へいばよう》（兵士や馬などの土人形）の大軍団が秦《しん》の始皇帝《しこうてい》の墓近くの地下から発見されました。等身大の土人形が整然と並ぶ迫力は、世界中の人々に始皇帝の力の強大さを知らしめました。

しかし、権力のすさまじさという点では、殷《いん》の王たちのほうが数段上かもしれません。なにしろ、千人もの生身の兵士たちが、王の遺体とともに埋められたのですから。この壮絶な殉死の習慣は時代とともに改められていきます。そして、生きた人間の〝模造品〟として発達したのが、「俑《よう》」と呼ばれる土人形です。

参考館には、漢《かん》代をはじめ隋《ずい》・唐《とう》代に至るまでの俑が収められています。兵士や婦人をはじめ、楽人、力士、雑技団など種類はさまざまです。

その中の一つ、唐代に作られた武将の頭部（↓140ページに写真）はなかなかの名品！　眉間《みけん》を寄せて逆立った太い眉《まゆ》、丸い目、顔の真ん中にあぐらをかいた大きな鼻、グッと食いしばった口元、ピンと張った八の字ヒゲ。憤怒《ふんぬ》の形相《ぎょうそう》の中にもユーモラスな雰囲気《ふんいき》をたたえています。

このタイプの俑は、かつて中国や日本で仏像を造る際にモデルにされたといわれます。とくに、天平《てんぴょう》時代の四天王像、十二神将によく似たものが多くあります。

卑弥呼ゆかりの墓室のレンガ！

●『魏志倭人伝』の信頼高めた

次ページの拓本《たくほん》は、朝鮮民主主義人民共和国にある都塚《みやこづか》という古墳の墓室に使われていた「塼《せん》」というレンガから写し取ったもの。

帯方太守張撫夷銘塼の拓本
（左文字・35.2センチ×6センチ）

何やら地味なものですが、卑弥呼《ひみこ》や邪馬台国《やまたいこく》と関係があるとしたら、見る目が変わるのでは？

日本考古学界の永遠のテーマ「邪馬台国論争」。女王卑弥呼の治めた古代国家が近畿にあったのか、九州にあったのか、論争の始まりは江戸時代にまでさかのぼるといいます。その元となっているのが中国の歴史書『三国志《さんごくし》』の中にある『魏志倭人伝《ぎしわじんでん》』。邪馬台国や卑弥呼について記されている唯一の書物です。

この塼が関係するのは、その中の一部、卑弥呼が魏に使者を送ったくだりです。内容は、使者の一行が海を渡ると「帯方郡《たいほうぐん》」という所の長官に伺いを立てて魏の皇帝に面会。そして「卑弥呼を親魏倭王（魏に親しい倭の王）とする」という皇帝の言葉と、その証《あかし》である金印や銅鏡百枚を授けられて帰国したというものです。

この帯方郡の場所は長い間なぞでした。それが一九一二年（大正元年）、数枚の銘文塼が発見され、明らかになったのです。この塼は、そのうちの一枚です。ほかの銘文と併せて考えると、墓の主《あるじ》は帯方郡の太守《たいしゅ》（長官）を務めた張撫夷《ちょうぶい》であることが分かりました。

つまり、都塚のある黄海北道鳳山郡文井面《ポンサングンムンジョンミョン》の辺りが帯方郡だったのです。

この発見で『魏志倭人伝』の信憑性《しんぴょうせい》はグッとアップしたのでした。

天理参考館には、このほかにも帯方郡ゆかりの塼数百枚が収蔵されています。

世界で一つ！ なぞの「陶製横笛」

●埋葬者は笛の名手？

いまから一三〇〇年ほど前のこと。当時、朝鮮半島を治めていた「統一新羅《とういつしらぎ》」の王「神文大王」は、東の海に忽然《こつぜん》と現れた小山の上に生えている一本の不思議な竹で、家来に笛を作らせました。

この笛を吹くと、戦《いくさ》では敵が退き、どんな病も治り、干《かん》ばつには雨が降り、梅雨《つゆ》どきには晴れ、風は治まり、荒れる海も静かになりました。王はこの笛を「萬波息」と名づけ、国の宝としたということです——。

140ページの写真の陶器の横笛は、この伝説の生まれた「統一新羅」で作られたものです。大きさはちょうど、日本の雅楽の龍笛《りゅうてき》や、能管をひと回り大きくしたくらい。笛の頭の部分は竹の枝をデザインした吊《つ》り手のようなもので飾られ、管全体に花柄《はながら》の文様が一つひとつ手彫りで描かれています。世界中で天理参考館と東京国立博物館にしかない珍品です。

当時、新羅には「新羅楽《しらぎがく》」という音楽がありました。記録に残る中では、日本に一番最初に伝わった外来音楽で、日本の雅楽のルーツの一つです。竹谷俊夫《たけたにとしお》学芸員は、この笛のルーツを新羅楽に求め、古い文献に当たりました。しかし、どこにも手掛かりになる記述はありません。

では、いったいこの笛の正体は？　ひょっとして伝説の萬波息？

「竹ではなく陶器ですからね。実用品ではなく、墓に副葬するための模造品でしょう。元になったのは文献にない新羅固有の笛だと思います。たぶん新羅楽の楽人が亡くなった時に、愛用の横笛を模して陶器で作り、一緒に墓に埋めたのではないでしょうか」

結局のところ、すべてがなぞの陶製横笛。ただ、墓の主の吹く笛は、人々が模造品を作って惜しむほど、素晴らしい音色《ねいろ》だったのかもしれません。

日本で唯一！メソポタミアの賢王「グデア」の像

●神への信仰の証に像を造った

142ページの写真は、紀元前二十二世紀に実在したグデアという人物の像です。いかにも聡明な面持《おもも》ちだと思いませんか。

メソポタミアといえば、世界四大文明の一つ。いまのイラクにあるチグリス川とユーフラテス川の周辺を中心に栄えました。

グデアが活躍した当時、この辺りには十五ほどの都市があり、それぞれが独立した国をつくっていました。なかでもグデアの治めたラガシュという都市は、王の優れた政策によって大変にぎわったといいます。

これらの都市国家の特徴は、それぞれに自分たちの神様を持っていること。グデアの本職は、実は神に仕える司祭。神に最も近いことから、王の役割を果たしていたのです。

この像は、グデアがラガシュの神に、自分が敬虔《けいけん》な信者である証《あかし》として奉納《ほうのう》したもの。自分に代わって四六時中、神に祈りをささげさせるために造ったのだそうです。グデアはいくつもの神殿を造り、その中を奉納品で満たしました。

グデア像は現在、世界中でおよそ三十ほどが確認されています。しかし、その多くが頭部や胴体だけ。参考館の像も頭部だけ残ったものです。

当時、都市国家同士の戦いは、それぞれの神と神との戦いでもありました。だから、勝ったほうは真っ先に、相手の神殿を破壊しました。

グデア像もおそらく、ラガシュが滅びるときに、賢王をねたむ者たちに壊されたのかもしれません。

オリエント版固めの杯〝リュトン〟

●動物の不思議な力にあやかり盟約結んだ

「リュトン」と呼ばれるメソポタミアの陶器です(↓141ページに写真)。角型《つのがた》の容器の底にあるのは獅子《しし》の顔。口の部分には穴が開いていて、指で押さえるようになっています。メソポタミアの人々は互いに約束を交わすとき、この容器を使いました。

現在のイラクを中心に栄えたメソポタミアは、北はヨーロッパ、西はエジプト、東は中央・東アジアにつながるいわば〝文明の十字路〟。古来、さまざまな民族がこの地に流れ込み、文化を築いてきました。

民族が違えば当然、言葉も違います。だから、コミュニケーションをはかるのに困ることもしばしば。そこで、ここでは古くから「契約」という考え方が発達しました。遺跡からは、商取り引きの

内容が楔形《くさびがた》文字で記された粘土版や、文様の刻まれた印章《いんしょう》と呼ばれる印鑑が、たくさん見つかっています。

このリュトンも契約の場で使われた道具の一つ。当時の人々にとって、獅子は神聖な生き物。その飾りの付いた容器に注ぐことで、その液体は不思議なエネルギーを持つ神聖なものとなり、同じ容器から〝神水〟を飲むことで、契りを交わしたというわけです。

それにしても、なぜ、この地で文明が発達したのでしょう。メソポタミアとはギリシャ語で「河の間」という意味。その名の通り、チグリス川とユーフラテス川の間の土地でこの文明は生まれました。一説によると『旧約聖書』に登場する「エデンの園」はこの地を指すとか。しかし、この辺りはそれほど豊かな土地ではありませんでした。エデンの園どころか、ここに人類最古といわれる文明が栄えたとは、とても信じられません。

「何もないからこそ、栄えたのではないでしょうか。きっと人々は、資源を求めて交易を盛んに行ったのでしょう」と、オリエント考古美術担当の巽善信《たつみよしのぶ》学芸員。

「日本が盛んな貿易によって高度経済成長をとげたのも同じでしょう。資源がなかったから、必死に頑張ったわけです。もっとも、いまは物であふれていますけどね」

どうやら人間が何かを生み出すためには、なんでもあるのがいいわけではないようです。

古代ガラスは金と価値が同じだった！

●吹きガラス以前のガラス作り

「昔、あるところに天然ソーダを扱うフェニキア人の商人がいました。あるとき、浜辺で食事を取ろうとして、カマドを作る石を探しましたが、見当たりません。そこで石の代わりに積み荷のソーダの固まりでカマドを作り、火を焚《た》きました。すると、浜の砂とソーダが反応し、なんとガラスができたのです」

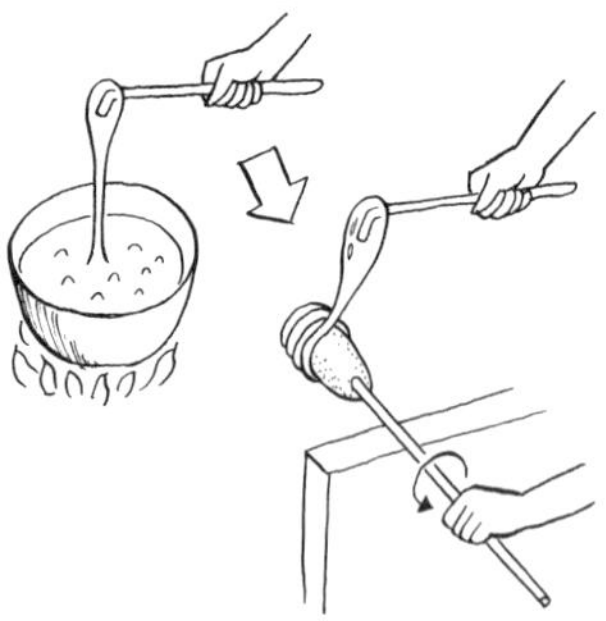

コア形成法

これは、ローマ帝国の軍人であり、博物学者でもあったプリニウスが書き残した『博物誌《はくぶつし》』に記されている、ガラスの起源の話です。ある人が、この記述を確かめようと再現実験したところ、本当にガラスができたとか。しかし実際には、フェニキア商人が活躍するはるか以前から、ガラスはあったということです。

起源の話はさておき、古来、ガラスは貴重なものとされました。いまでこそ、ガラス瓶《びん》はリサイクルに困るほどあふれていますが、紀元前の昔には貴金属と同等に扱われていたのです。その価値は金と同じでした。

ガラスがこれほど珍重された理由の一つは、製法のむずかしさにありました。代表的な技法の工程は、おおよそ次のようなものです。

◎コア形成法……①金属棒に粘土を巻きつけ、容器の形を作る。②溶かしたガラスをその上に巻きつける。③灰の中で冷やしたあと、金属棒を抜き、粘土をかき出すと出来上がり。

◎モザイク法……①ガラス棒を数本束ねたものなどに熱を加え、引

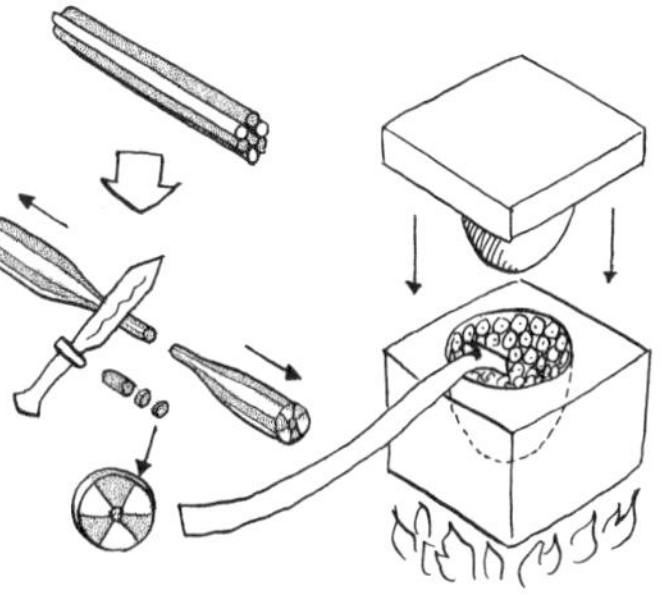

モザイク法

き伸ばして細い棒を作る。②できた棒を金太郎飴《きんたろうあめ》のように薄く輪切りにする。③あらかじめ作っておいた粘土の型の上に、②でできた輪切りやほかのガラス片を思い思いに張りつける。④熱を加えて接着、冷やせば出来上がり。

141ページの「ミルフィオリ杯」は、この技法で作られたものです。モザイク法にはほかにもさまざまな技法があります。

◇

現在のように、溶かしたガラスの玉に管を差し込み、空気を吹き入れて容器を作る「吹きガラス」と呼ばれる製法ができたのは、ローマ時代のことです。庶民がガラス製品を手にすることができるようになったのは、この技術の誕生以降のことです。

旧約聖書の町を探す

「イスラエルの発掘はおもしろいですよ。旧約聖書に記されている歴史が基準なんですから」

　こう話すのは考古美術室の山内紀嗣《やまうちのりつぐ》学芸員。日本のオリエント学者から成る「日本オリエント学会」は昭和三十九年（一九六四年）以来、毎年夏の約一カ月間、イスラエルに発掘調査隊を派遣しています。調査隊のメンバーには、かつてこの学会の常務理事を中山正善《なかやましょうぜん》・天理教二代真柱《しんばしら》が務めていたことから、参考館の学芸員も参加しています。山内学芸員もその一人です。

　イスラエルでの発掘は『旧約聖書』を抜きに語ることはできません。それは、この書物がユダヤ教徒とキリスト教徒にとって、信仰の書であるとともに、歴史の書としても信じられているから。そこには紀元前の古代イスラエルの歴史が記されています。

　この記述を発掘調査で証明しようというのが、イスラエルの発掘の基本姿勢です。紀元前の昔から歴史の荒波に翻弄《ほんろう》され続け、国連決議を受けて一九四八年に建国されたこの国にとって、古代イスラエルの遺跡の発見は、自分たちがここに住む正当性の証《あかし》につながるからです。

　現在、日本隊が調査に当たっているのは、

ガリラヤ湖の東岸にあるエン・ゲブ遺跡。当初はさほど重要視されていませんでしたが、聖書時代の地層から思いがけない遺跡が見つかりました。

エン・ゲブ遺跡（写真・山内学芸員提供）

　それは、一辺が約四〇センチ角、長さ一・二メートルほどの石柱が二列になって整然と並ぶ「列柱《れっちゅう》式建物」と呼ばれる建物跡と、二重構造の城壁の跡。いずれもユダヤ民族独特の建造物で、聖書時代のものです。この発見でエン・ゲブ遺跡は、以前からガリラヤ湖東岸にあるとされていた、聖書に登場する「アフェック（Afiq）」という町らしいことが分かったのです。

　以来、この遺跡は観光スポットの一つになりました。観光客の一行は、まずガリラヤ湖の西岸から東岸に船で渡り、エン・ゲブ遺跡を見学。それから、イエスの弟子の一人で元漁師のペテロにちなんで名づけられた「ペテロの魚」と呼ばれるスズメダイの一種の空揚げを食べるのが、お決まりのコースだということです。

布留遺跡と天理参考館

天理参考館の周辺一帯には、「布留《ふる》遺跡」と呼ばれる遺跡が分布しているのをご存じでしょうか。その範囲は、東西約二キロ、南北約一・五キロに及びます。しかも地中に眠っている遺物は、旧石器時代から近世・近代のものまでさまざまです。

昭和十二年（一九三七年）、天理女子専門学校のプール（現おやさとやかた真東棟前プール）を造る時に、たくさんの土器片が出土したのが、この遺跡発見のきっかけとなりました。この時は、小林行雄《こばやしゆきお》、末永雅雄《すえながまさお》、酒詰仲男《さかづめなかお》、澄田正一《すみだしょういち》といった、後年、日本考古学界

布留式土器

のリーダーになった諸先生によって発掘調査が行われました。といっても、現在のように発掘専門の作業員がいるわけでもなく、もっぱら手伝いを頼んでの調査だったようです。最も活躍したのが、天理女子専門学校の生徒たちでした。あまりに熱心すぎた？　生徒もいたようで、とうとう調査委員の先生と恋に落ち、結婚に至った人もいました。

このとき大量に出土した土器は、古墳時代の土器である土師器《はじき》の中では一番古い時期のもので、弥生《やよい》土器との接点を語る貴重なものであるとされ、「布留式土器」と名づけられて、雑誌『考古学』誌上に報告されました。

以後、これと同種の土器が日本各地で発見されるようになりましたが、どこで発見されても「布留式土器が出土した」と報告されて、土器形式のメルクマール（標準形式）になりました。現在では研究が進んで、ほぼ四世紀ごろの作品と考えられています。

この遺跡の発掘が本格的に行われるようになったのは、天理教の施設の建設が盛んになってきた昭和二十年代後半からのことです。当初は随時、調査員を集めて行っていましたが、昭和四十六年に調査団を設置。現在では、天理参考館の考古美術室の学芸員が中心となり、「埋蔵文化財天理教調査団」として、布留遺跡や周辺の遺跡の調査を行っています。

ここでは、布留遺跡で見つかった珍しい遺物や、発掘にまつわる話をご紹介しましょう。

埴輪のルーツ示す「布留遺跡の円筒埴輪」

●元来は供え物を入れる壷と台だった

「埴輪《はにわ》」と聞けば、どんな形を思い浮かべるでしょうか。たぶん、人や、馬などの動物の形をしたものを想像するのではないでしょうか。これらは、ものの形をかたどっているところから、「形象《けいしょう》埴輪」と呼ばれています。考古美術品としても価値が高いものです。

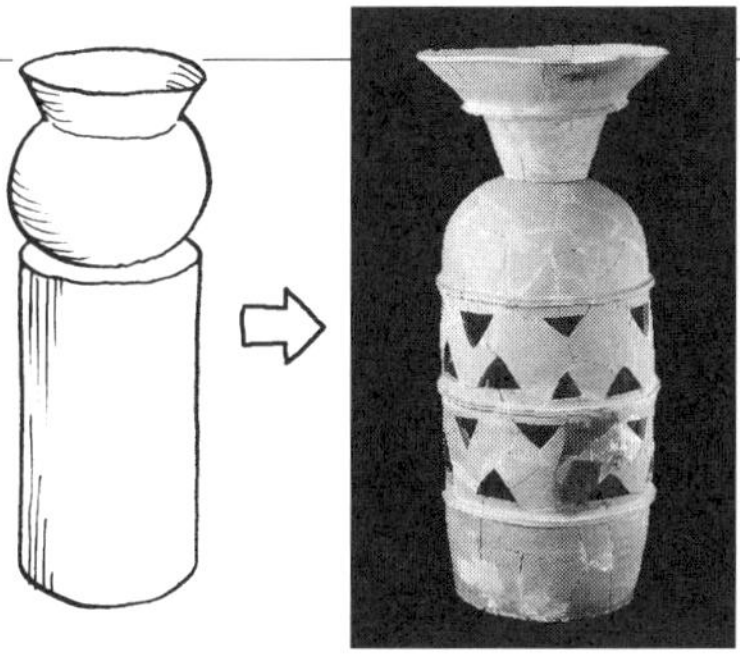

朝顔形埴輪（布留遺跡）

これとは別に「円筒《えんとう》埴輪」といわれるものがあります。その名の通り、筒《つつ》の形をしています。形象埴輪は、この円筒埴輪が発達したもので、円筒埴輪はいわば埴輪の本家本元。しかし抽象的な形からか、あまり人目は引きません。

ところが、昭和二十九年（一九五四年）、布留《ふる》遺跡で見つかった五十個ほどの円筒埴輪は、全国の考古学関係者の注目を集めました。その訳は、埴輪の成り立ちの証明につながる発見だったからです。

円筒埴輪は、もともと祭儀の時などに供え物を入れる壺《つぼ》を載せていた台が、いつしか古墳の周りに巡らされるようになったものだといわれています。布留遺跡の埴輪は、この説を裏付けるような状況で発見されました。古墳ではない場所に、土器や祭儀用具と思われる玉《ぎょく》製の円板などと一緒に埋まっていたのです。

埴輪の造りも、珍しいものでした。普通、円筒埴輪の透かしの孔《あな》や配列は単調なものなのですが、布留遺跡のものは孔の形が円形、半円形、三角形、四角形、勾玉《まがたま》形とさまざまで、配列もデザイン性に富んでいました。また、表面は赤と白の染料で塗られており、いかにも祭りに使われたものらしい雰囲気《ふんいき》を醸《かも》し出していました（↓144ページに写真）。おそらくこの場所は特別な祭場で、これらの埴輪は供え物の台や、周囲を区切る結界の役割をしていたのではないかと考えられています。

千年前の地層から〝青葉〟が出てくる

「千数百年前の地層から、緑の葉っぱが出てくることがあるんですよ」

万葉集に「国のまほろば」と歌われる奈良盆地は、どこを掘っても必ず何か出てくるといわれるくらい遺跡の多い土地柄《がら》です。現在でも年に何度かは歴史にかかわる遺物が発見され、新聞紙面をにぎわせます。

しかし、発掘調査自体は非常に地味な作業。土の質の違いを見極めながら、タマネギの皮をむくように少しずつ地層をはいでいくのです。毎日、目にするのは土の壁。出てくるものも、ほとんどが土器のかけら。発掘現場は、さながらモノトーンの世界だといいます。

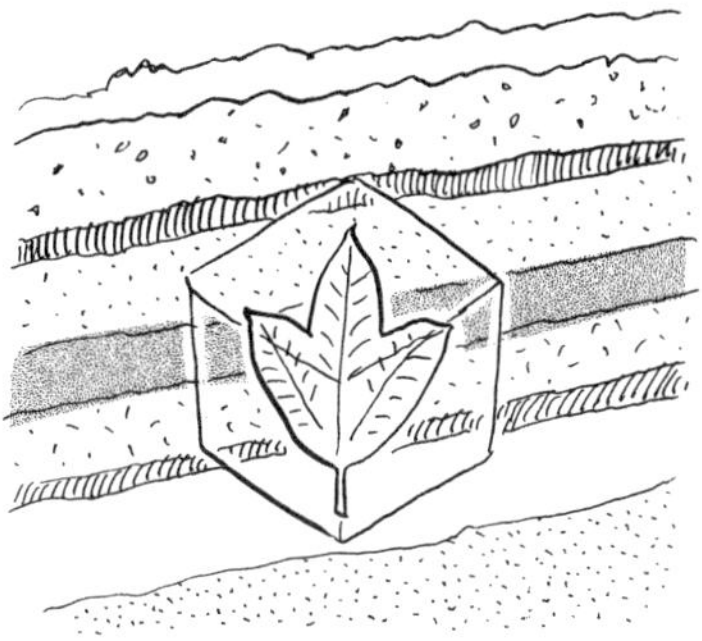

ところが時折、千年余り前の地層から、緑色の葉っぱが出てくることがあるというのです。見つかるのは、川の跡など湿気の多い粘土質の所。おそらく、流れ着いた葉っぱの上に土が積もって、偶然に〝真空パック〟状態になったため、当時の姿を保っているのだろうということです。

土色一色の、生き物のにおいのない世界に、突如《とつじょ》として現れる緑色の〝いのちのかけら〟。古代人と同じ空気を吸っていた青葉との出合いは感動的です。しかし、見る見るうちに色があせ、二、三分で枯れ葉に変わってしまいます。止まっていた時間を取り戻すかのように、空気に触れると一気に酸化してしまうのです。

「掘り返して、眠りから覚ましたばっかりに枯れていく。発掘によって失われるものもあるんです」

いのちのすごさとはかなさを、同時に見せてくれる古代の青葉。発掘に携わる者だけが知る、小さないのちのエピソードです。

時を超えて天理で再会！　唐の兄弟鏡

●資料が資料を呼ぶ不思議

学芸員の世界には、「資料が資料を呼ぶ」という言葉があります。まれに、一つの資料が縁のあるほかの資料を、どこからともなく呼び寄せることがあるというのです。

昭和五十六年（一九八一年）、天理市内の小さな丘で奈良時代の墳墓が見つかりました。墓の規模は小さなものでしたが、副葬されていた一枚の銅鏡が大きな話題となりました。その名は「海獣葡萄鏡《かいじゅうぶどうきょう》」。全面を埋めるブドウの実・葉・蔓《つる》の唐草《からくさ》模様の中に、海獣（海中の怪獣）が描かれているので、こう呼ばれています（↓143ページに写真）。

海獣葡萄鏡はそれまでにも高松塚《たかまつづか》古墳をはじめ、全国で数点見つかっていました。にもかかわらず、この鏡が話題を呼んだのは、その保存状態の良さからでした。日本でこれまでに土の中から見つか

った鏡の中で、一番きれいなものだったのです。

作られた場所は、模様のきめ細かさと純度の高い銅が使われていることから、唐《とう》（現・中国）と推定されました。とすれば、この墓の主《あるじ》は、中国から渡ってきた鏡を手に入れることができるクラスの貴族だったはずですね。

それからしばらく後のこと、参考館の近江昌司《おうみしょうじ》学芸員（現副館長）は所用で東京を訪れました。街を歩きながら、何げなくある美術商のショーウインドをのぞいたところ、なんとそこに先日見つかった海獣葡萄鏡と瓜《うり》二つの鏡があるではありませんか。

さっそく購入して細かく調べてみたところ、二つの鏡は同じ鋳型《いがた》から造られた〝兄弟〟であることが分かったのです。

千数百年前に唐の官営工房で、職人が精魂込めて造った二つの鏡。その一枚は中国に残り、ほかの一枚は遣唐使によって日本にもたらされ、別れ別れになりました。それがどういう巡り合わせか、残っていた一枚も海を越え、時を超えて天理で再び出合った――。偶然で片づけるにはあまりにも鮮やかな再会。まさに、資料が資料を呼ぶ不思議を実感したのでした。

この古墳は貴重な遺跡として、天理親里ラグビー場の東辺に残されています。一度、見学に訪れてみてください。

なぜ、縄文や弥生時代の家の柱の跡が分かるの？

道路脇《わき》のふだんは水のない側溝《そっこう》に、土がたまって草が生えたりしているのを見たことはありませんか。雨による増水で流されてきたり、風に運ばれてきた土や砂や葉っぱが、いつの間にかたまったものです。枯れ葉や枝も土になっていきます。だから、そのまま放っておくと、土はどんどん積もっていきます。

古代の遺跡もこんなふうにして、長い時間をかけて地面の下に埋もれていきました。弥生《やよい》時代の遺跡を例に考えてみましょう。

この時代の人々は、地面に穴を掘って柱を立て、穴と柱のすき間には土を埋めて固定し、家を建てました。やがてだれも住まなくなると、家はだんだん朽ちて、地面より上の部分はなくなってしまいます。しか

し、地中の柱はそのまま残り、やがて腐って周りとは質の違った土になります。

その上に、風で運ばれてきた土や、水辺の集落なら川の氾濫《はんらん》によって流されてきた土砂が覆《おお》いかぶさり、弥生時代の地面は次第に埋もれていきます。あるいは人間が何かの目的で別の所から土を持ってきて整地をすることもあるでしょう。とにかく、時代を経るごとに、土の層がどんどん積み重なっていくのです。

発掘調査は、こうしてできた土の層を平らに薄皮をはぐように進めていきます。上から順番に、明治時代の層、江戸時代の層、平安時代の層……というように掘り進めます。そして、弥生時代の地面が現れると、柱の穴はその部分だけ周りの土と色や質が違い、すき間を埋めた土とも異なるので、柱の直径まではっきり分かるというわけです。

顕微鏡の向こうに古代の森が見えてくる

土と石と、そして遺跡――発掘現場の典型的な風景です。そこに生き物のにおいはありません。発見される遺物から、昔の人がどんな暮らしをしていたのかは分かるもの

の、周辺にどんな草が生《は》え、どんな木が生《お》い茂っていたのかは見当もつきません。

このモノクロームの世界に色づけをして、どんな植物が生えていたのか、どんな気候だったのかを復元していこうというのが、「環境考古学」と呼ばれる分野です。

調査の対象は主に動植物の遺骸《いがい》。一見、何もなさそうな昔の土を細かく調べると、生き物の片鱗《へんりん》が見つかることがあります。そこから、その生物の種類を割り出し、生態を参考に、当時の環境を解明しようというわけです。

元参考館学芸員の金原正明《かねはらまさあき》・奈良教育大

学助教授が携わる「花粉分析」も環境考古学の手法の一つ。生殖という重要な役割を担うからでしょうか、花粉は腐りにくく硬い膜で表面を覆われています。土の中でも残りやすく、数億年前の岩石から見つかった例もあるほどで、検査の対象に適しているのです。

実際の作業としては、発掘現場からサンプルの土を採取し、それに薬品処理などを施して、花粉のみを取り出します。これを顕微鏡で観察して、その形から植物の種類を割り出し、当時の状況を推定するのです。

たとえば、天理参考館のある天理市は、「古墳時代の前期までは辺り一面、鬱蒼《うっそう》としたイチイガシの森だったと思われます。古墳時代後半になると、イネをはじめ、いろんな草の花粉が見つかることから、人々は森を切り開いて、水田や畑をつくり始めたようです。ヒョウタン、ウリ、モモなどの花粉も見つかっています。

平安から江戸時代にかけて森は変わっていきます。それまでの木が伐採され、松林が主になっていくのです。いまのようにスギやヒノキの林が見られるようになるのも、これ以降のことです。人里には水田が広がり、畑ではソバ、アブラナ、ワタなどが栽培されるようになります」

土の中は〝情報の宝庫〟。分析の技術が進むとともに、いにしえの風景はさらに色鮮やかに見えてくるに違いありません。

日本で初めて見つかった火炎形透かし入り「高杯」

●古代の天理地区と朝鮮半島との交流裏付け

次ページの土器は昭和五十三年（一九七八年）、布留《ふる》遺跡の発掘調査で、日本で初めて確認されたものです。

食べ物を盛るためなどに使われた「高杯《たかつき》」と呼ばれる土器の台座の部分なのですが、そこに入っている火の玉形の透かしが、それまでに例のないものでした。

韓国の考古学が専門の竹谷俊夫学芸員は、この土器を見た瞬間、その質や作りから朝鮮半島のものと直感しました。そして、古墳時代に天理地区に住んでいた人々と、朝鮮半島のある地域との交流の証《あかし》ではないかと考えたのです。

調べてみると案の定、朝鮮半島南部の咸安《ハマン》という地域の遺跡から、よく似た土器が見つかっていました。しかし当時、韓国では発掘調

火炎形透孔高杯
（高さ16センチ）

査がほとんど行われておらず、資料の数も少なかったので、この地域のものと断定することはできませんでした。

それから待つこと十数年、一九九〇年代になって、韓国では大規模な都市開発にともない、発掘調査が盛んに行われるようになりました。そして、咸安からは火の玉形透かし入り高杯が続々と出土、竹谷学芸員のにらんだ通り、天理地区の人々と朝鮮半島との交流は確かにあったのです。

「両者の間を取り持ったのは、朝鮮半島からの渡来人でしょう。日本の古墳時代には、大勢の大陸系の渡来人が住んでいたことが、遺跡の発掘によって分かっています。大和《やまと》盆地もその一大拠点でした」

いまの日本にもたくさんの外国人が住んでいますが、当時も似たような状況だったのです。しかし、現代と古墳時代の大きな違いは、日本人と渡来人の間に争いの痕跡《こんせき》が見当たらないことだといいます。両者はお互いを尊重し合って、うまく付き合っていたのです。

「この点は、現代人が古代人に大いに学ぶべきところと言えそうですね」

五十万年ともいわれる人類の歴史。その中で人間が争うようになったのは、たかだか二千年前からだということです。

寄生虫は発掘現場じゃ人気者!?

近ごろ、有機野菜の普及にともなって、寄生虫に感染する人が増えたといいます。堆肥《たいひ》などに交じっている寄生虫の卵が、野菜を経由して人の体内に入るのです。

人間から厄介者《やっかいもの》扱いされる寄生虫。しかし発掘現場では、その卵がとても大事に扱われています。実は寄生虫の卵のおかげで、古代の遺跡からトイレが次々と見つかっているからです。

寄生虫の卵は、人間の体内に入ると孵化《ふか》して成長し、やがて膨大《ぼうだい》な数の卵を産み落とします。そして便と一緒に排泄《はいせつ》されるのですが、この卵がトイレの遺構の土の中に残っているのです。

このことに気が付いたのは、奈良国立文化財研究所のある調査員でした。平成四年（一九九二年）、藤原京跡のトイレらしき遺構の調査中、外国の文献を参考に寄生虫の

卵の分析を試みることにしたのです。
分析の依頼を受けたのは、当時、参考館の学芸員だった金原正明・奈良教育大学助教授でした。金原氏は、衛生検査技師だった正子夫人とともに、サンプルの土の分析に当たりました。
すると、出るわ、出るわ！　一立方センチに最大五〇〇〇個という自然界にはありえない密度で、大量の寄生虫の卵が見つかったのです。日本初の快挙でした。
これ以後、この方法によって、次々と古代のトイレが見つかっていきました。

〝ナゾの円盤〟の正体は？

●土のフライパン「焙烙」の底型

発掘調査で対象となる遺物は、何も弥生《やよい》や古墳時代のものばかりではありません。中世や近世のものも守備範囲です。そして時には、〝発見〟もあります。

たとえば昭和五十七年（一九八二年）、現在の天理参考館の建物から西に二〇〇メートルほどの所で行われた調査では、江戸時代の「焙烙《ほうらく》」が数点、見つかりました。

焙烙とは、いわば〝土のフライパン〟。縁の浅い皿状の素焼きの土《ど》鍋《なべ》で、豆やゴマ、あるいはお茶の葉を煎《い》るときなどに使われました。一般家庭からはかなり昔に姿を消しましたが、京都の壬生《みぶ》寺で行われる狂言《きょうげん》「焙烙割り」など、民間の習俗に名残をとどめています。

この時、焙烙とともに、焙烙に似た円盤形の土器が見つかりまし

た。直径はおよそ三〇センチ、厚さは一センチほど。一般に焙烙の壁の厚さは、熱を効率よく伝えるため、五ミリ程度に作られます。いったい、どのように使われていたのか。これまでに出土例がなく、正体不明の〝ナゾの円盤〟となりました。

調査に当たった太田《おおた》三喜《みつよし》学芸員は、ある時、ふとひらめいて、円盤形土器の上に焙烙を重ねてみました。すると、形状が見事に一致。さらに細かく調べてみると、底型の表面には細かい砂や雲母《うんも》がくっついていました。

これは、型に粘土を押しつけて成形する際に、後で粘土を型から外しやすくするために使われる「離れ砂」が残っていたのです。どうやら、焙烙の壁を薄く作るための底型だったことが分かりました。

「数点の焙烙と底型。江戸時代、この辺りには、焙烙作りの職人たちが住んでいたんでしょう。こんなふうに土の中からは、時折、名もない庶民の暮らしぶりが顔をのぞかせるんです。これも発掘の面白さの一つです」

「水洗トイレ」は古代の常識!?

古代のトイレが次々と明らかになる中で、私たちの常識をくつがえす発見もありました。水洗トイレが見つかったのです。

水洗トイレはいまや、都市の暮らしにはなくてはならないもの。その普及率は、町の整備がどれだけ進んでいるかのバロメーターにもなっています。いわば、近代化の象徴の一つともいえるこのトイレが、なんと平城京《へいじょうきょう》跡で見つかったのです。

その仕組みは、道路の側溝《そっこう》から壁を隔てた屋敷内に、木枠で作った暗渠《あんきょ》で水を引き、その上にトイレを設け、排泄物《はいせつぶつ》を再び側溝に流してしまうというものです（上図）。

その後さらに、寄生虫卵の分析によって、古墳時代の遺跡に、これよりも複雑な仕組みの水洗トイレの遺構があることや、縄文《じょうもん》時代の遺跡の谷にトイレを設けた可能性があることなどが分かってきました。

一方、くみ取り式トイレが現れるのは、意外にも七世紀に入ってからのこと。どうやら水洗のほうが先にできたようなのです。

考えてみれば、トイレの古い呼び名である「厠《かわや》」の語源は、川の上に掛けて作った「川屋」ともいわれます。水の豊富な日本では、汚物は穴を掘ってためるより、〝水に流す〟ほうが手っ取り早かったのかもしれません。

新しいと思っていた水洗トイレは、実は〝トイレの元祖〟だったというわけです。

豪族「物部氏」を偲ばせる刀の部品がザクザク

●古墳時代の布留遺跡は武器製作の拠点だった

学校の歴史の教科書にも登場する豪族「物部氏《もののべし》」。大和朝廷《やまとちょうてい》の軍事面をつかさどり、布留《ふる》遺跡の辺りを拠点としていました。天理参

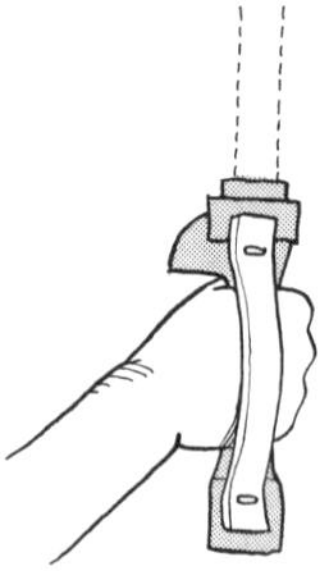

考館の東およそ一キロメートルの森の中にある石上神宮《いそのかみ》は、物部氏がまつった神社で、大和朝廷の武器庫だったともいわれています。

これまで行われた発掘調査で、物部氏の居館《きょかん》の跡なども一部分見つかっていますが、とりわけ〝戦《いくさ》の物部〟を彷彿《ほうふつ》とさせる資料が出土しています。それは、刀の柄頭《つかがしら》（握りの部分）や、鞘《さや》、弓など。古墳時代中期の川の跡から、およそ六十点ほどが見つかりました。

いずれも木製品ばかりで、刀身《とうしん》など鉄の部分はありません。発掘現場の地層は、水をたっぷり含んだ砂質土なので、長い年月の間に鉄の部分は錆《さ》びて朽《く》ちてしまったのです。

発見された遺物の中でとくに目を引くのが、全体を黒漆《くろうるし》で塗った上に赤で紋様を描いた柄頭でした（↓143ページに写真）。おそらく、高い地位の人物が持つためのものだったと思われます。

また、カエデの木で作られた柄頭には、握りを固定するための革帯を取り付ける穴が開けられていました。刀を簡単に離すことのないよう、より実戦的な工夫が施されているのです（上図）。

見つかった遺物の中には、製作に失敗して処分されたものもありました。

遺跡の別の場所に鍛冶《かじ》を行った跡があることから、この辺りには武器の製作工房があったと考えられています。そういえば、天理教教会本部の東側近くを調査した時に、たっぷり漆を入れた陶器も見つかりました。装飾にも接着にも必要な、漆工房《こうぼう》も付属していたのです。

天理参考館利用ガイド

【開館時間】

9時30分〜16時30分（入館は16時まで）

【休館日】

毎週火曜日（ただし、祝日の場合は開館し、翌日を振替休日とする。また、天理教教会本部の行事期間である毎月25日〜27日、4月17日〜19日、7月26日〜8月4日と重なる場合は開館し、振替休日は設けない）

夏季休館（8月13日〜8月17日）

年末年始（12月27日〜1月4日）

【入館料】

一般（大人）400円　団体割引（20名以上）300円

子ども（小中学生）200円

【住所】

〒632-8540 奈良県天理市守目堂町250番地

【電話】

0743-63-1515（代）内線6702

※日曜・祝日＝0743-63-7721（ファクス兼用）

1階「世界の生活文化」

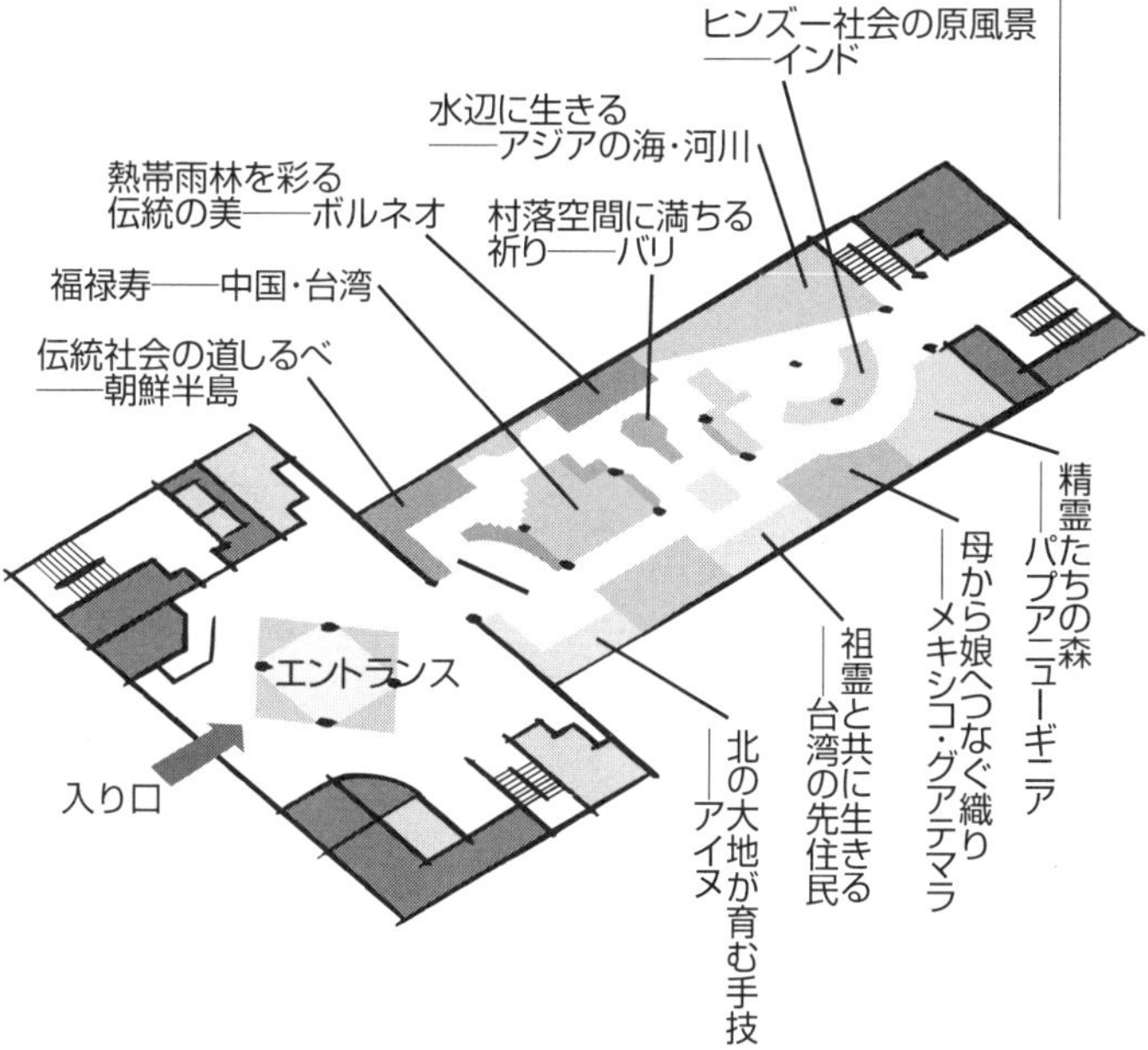
ヒンズー社会の原風景
――インド
水辺に生きる
――アジアの海・河川
熱帯雨林を彩る
伝統の美――ボルネオ
村落空間に満ちる
祈り――バリ
福禄寿――中国・台湾
伝統社会の道しるべ
――朝鮮半島
エントランス
入り口
北の大地が育む手技
――アイヌ
祖霊と共に生きる
――台湾の先住民
母から娘へつなぐ織り
――メキシコ・グアテマラ
精霊たちの森
――パプアニューギニア

2階「世界の生活文化」

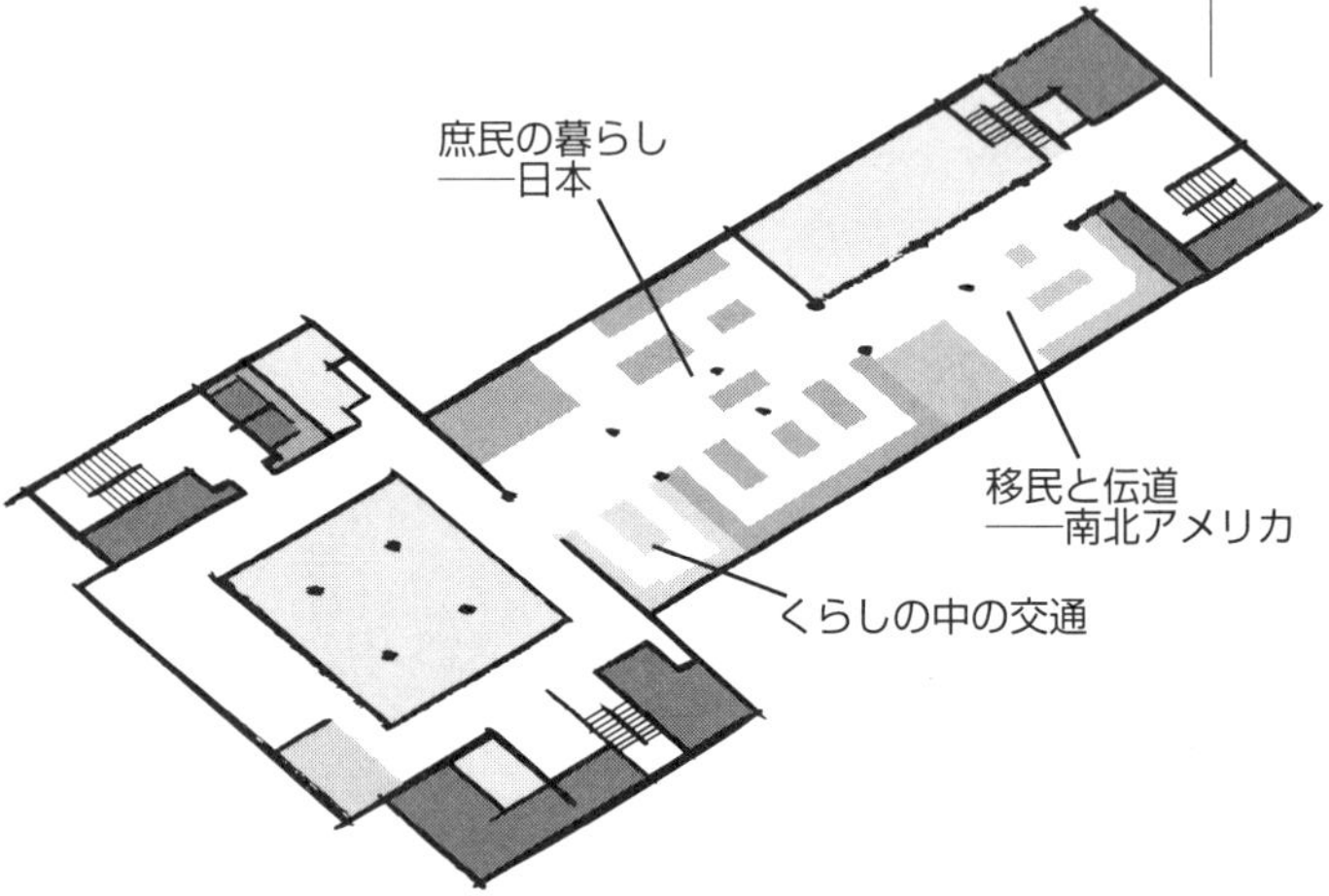

庶民の暮らし
——日本
移民と伝道
——南北アメリカ
くらしの中の交通

3階「世界の考古美術」

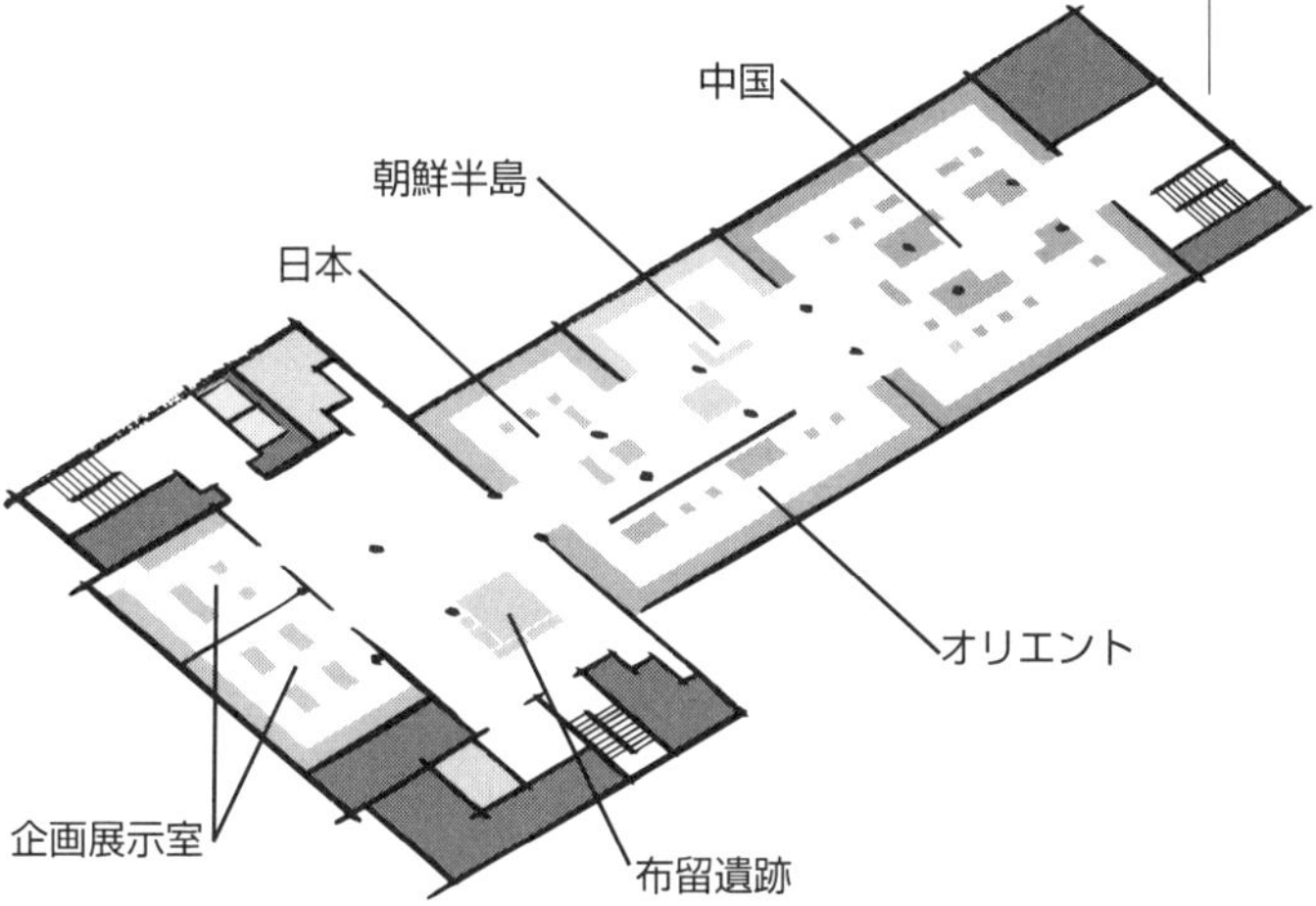
中国
朝鮮半島
日本
オリエント
企画展示室
布留遺跡

天理参考館周辺図

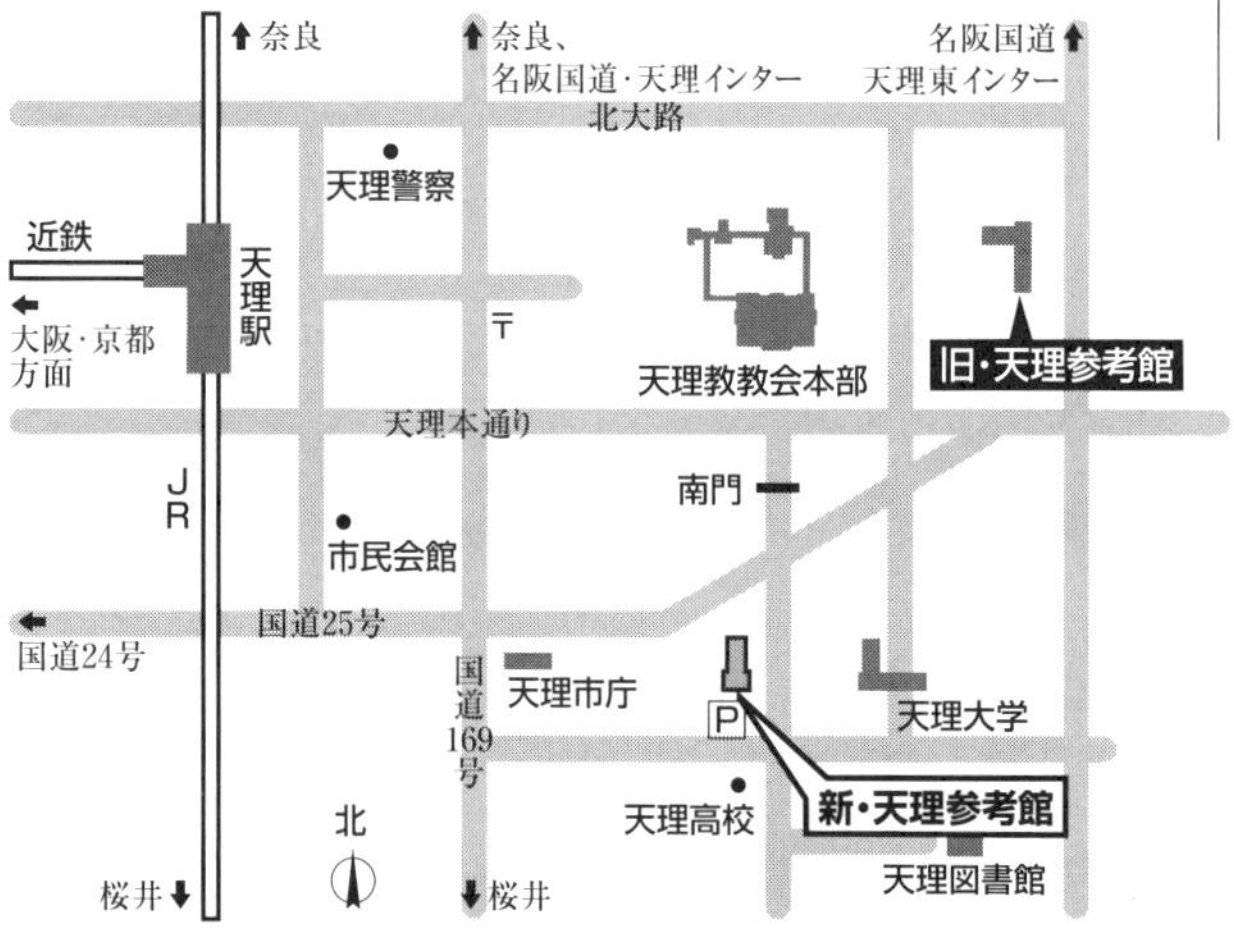

電車＝天理総合駅（ＪＲ・近鉄）下車、南東へ徒歩25分。
自動車＝名阪国道・天理東インターから南へ約3キロ。駐車場あり。

天理参考館のツボ！　学芸員が明かす早わかり鑑賞ガイド

立教164年（2001年）11月1日　初版第1刷発行

編　者　天理教道友社

発行所　天理教道友社
〒632-8686　奈良県天理市三島町271
電話　0743（62）5388
振替　00900-7-10367

印刷所　株式会社天理時報社
〒632-0083　奈良県天理市稲葉町80

ISBN4-8073-0470-4
定価はカバーに表示